翡翠女人

FEICUI NÜREN

谢舒 ◎ 著

翡翠为女人而生。

——作者题记

天津出版传媒集团
百花文艺出版社

图书在版编目（CIP）数据

翡翠女人／谢舒著．—天津：百花文艺出版社，2013.1
ISBN 978-7-5306-6214-4

Ⅰ．①翡…　Ⅱ．①谢…　Ⅲ．①翡翠－收藏－中国－通俗读物②女性－名人－生平事迹－中国－通俗读物
Ⅳ．①G894－49②K828.5－49

中国版本图书馆 CIP 数据核字（2012）第 276900 号

百花文艺出版社出版发行
地址:天津市和平区西康路 35 号
邮编:300051
e－mail:bhpubl@ public. tpt. tj. cn
http://www. bhpubl. com. cn
发行部电话:(022)23332651　邮购部电话:(022)23332478
全国新华书店经销
河北省三河市宏达印刷有限公司印刷
*
开本 787×1092 毫米　1/16　印张 10.25
2013 年 1 月第 1 版　2013 年 1 月第 1 次印刷
定价:48.00 元

目录

忽然见到了万珺

冰地飘蓝花龙头吊兰挂坠

四月下旬的北京，就像初夏的天气了。三环的国贸一带繁华万状，我在熙熙攘攘人流中，费力地找寻“万瑞祥翡翠俱乐部”的门牌号。出租车司机不能给我准确的信息，问行人行人都在找吃午饭的店铺，听了也说不上来。只好再打电话给俱乐部前台的女孩，她一路上已经给了我好几次指南，不然我连国贸都找不到。

云层很薄，太阳很辣，眼前的北京既不是从前我父母在此工作时的北京，也不是我这些年来每逢回南京探亲途径的北京。街上时尚男孩女孩都顾着自己走路，街边满是咖啡吧酒吧

老坑种浓绿素面佩饰

和饭店，穿红戴绿走着为生计和理想奔忙的人，充满生的活力和生的局促。

终于站在一幢没有标明“万瑞祥”所在的大楼面前。

这次从纽约回南京，专程取道北京，就为了看看这个翡翠俱乐部，也要看看这家俱乐部的创始人——万珺女士。我与万珺素昧平生，因为看了她写的一本书《万珺讲翡翠收藏》才知道她。在众多关于翡翠的书中，这本书写的深入浅出，易看易懂，又非常感性，不像一般鉴定翡翠的书与读者有距离，万珺的讲述几乎消弭了翡翠和人之间的距离。

因为这本书，我忽然就到了北京，忽然就站在了“万瑞祥翡翠俱乐部”面前，但接待的女孩告诉我，万总今天不到公司，你没有预约是见不到她的。所以第三个“忽然就见到了万珺”这样的话，是不能紧接在这里写下去的。

万珺对着阳光举起这个挂件，说：水头好，够绿，就是偏薄一些。

一般来说，北方人喜欢颜色深沉的绿色，如帝王绿；而南方人喜欢略偏黄的绿色，称作黄杨绿。我虽是南方人，但却偏爱深绿色。

忽略翡翠佩饰尺寸的现象比较常见。一般人是一看色，二看种，最后才看工，看工又常不注意尺寸。再好的水头和颜色，若是过薄过小，终是遗憾。这枚略薄的挂饰，好在她的工尤为简洁，除了顶端两只玲珑的螭龙，主体部分为双环椭圆形，素面无雕，这是因为原材料好，没有绺裂和杂质，无须刻雕剔挖。

从局部放大的照片，可清晰见到翡翠的晶体结构，有些细小的黑点是翡翠的天然物质，无碍她的品质。如果纯净到一无瑕疵，若非是极品，就可能是赝品，被强酸浸泡过，袪除了一切杂质后充填胶质，然后打磨出来的效果。

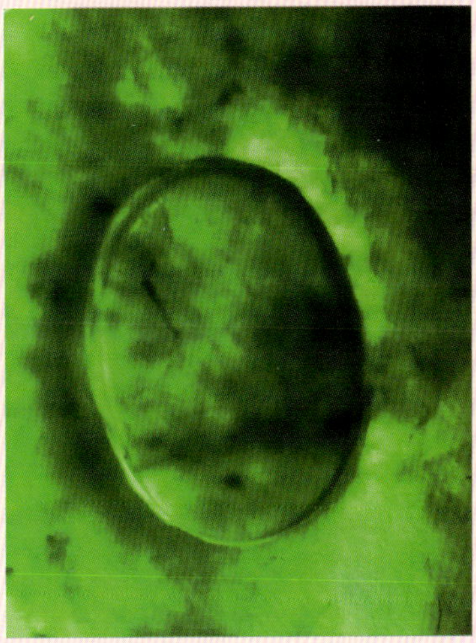

探访一个素昧平生的女人，是第一次，不为别的，为了翡翠。万珺的名气在中国很响，特别在翡翠珠宝这一行，在宝石鉴定这一行，也在珠宝翠钻拍卖这一行。可是我对万珺最深的印象是她这个人和她的志气。在中国做翡翠买卖的人很多很多，二十年前北京的翡翠店才几个，现在好几千家了，出过关于翡翠的书的人很不少，都没有让我千里迢迢凭空去找。

看了万珺的书，又看了她的专访，就不能说万珺是个做翡翠买卖的女人。在一个电视采访中，她说她的名字“珺”，就是玉的意思，她生下来就是为的翡翠，她要用毕生的精力，“把翡翠做成东方钻石。”

女人痴迷翡翠自清朝乾隆以来有很多，慈禧是把翡翠推向全盛期的女人。宋美龄百岁诞辰派对上佩戴着玻璃种帝王绿项链、耳环、戒指和手镯，是顶级品质的翡翠套装。传说手镯本来是上海滩青帮头子杜月笙太太的珍爱，到蒋府拜访时被蒋夫人看上，杜月笙便要太太割爱，转赠送给她。

知识链接

中国人藏玉藏翠讲究寓意，这是中国象形文字的玄妙带给我们的精神享受和感情寄托。中国字有“谐音”，一个字有好几个读音，暗含着象征意思。比如这个“祝福”，就取了顶端两片竹叶和下面两只蝙蝠的谐音：竹，蝠。

我请万珺看过这件东西，她说：水头不错，够厚，就是还不够绿，工也不错是台湾工。所说的“不够绿”，就是不够饱和浓郁的意思。翡翠绿色的饱和度就是“浓、阳、俏、正”标准中排在第一位的浓。

判断翠色是否浓艳，最有效的办法是把翡翠放在太阳光下看，如果仍旧绿，那就浓。不要在灯光下看翡翠，灯光会美化颜色，造成错觉。

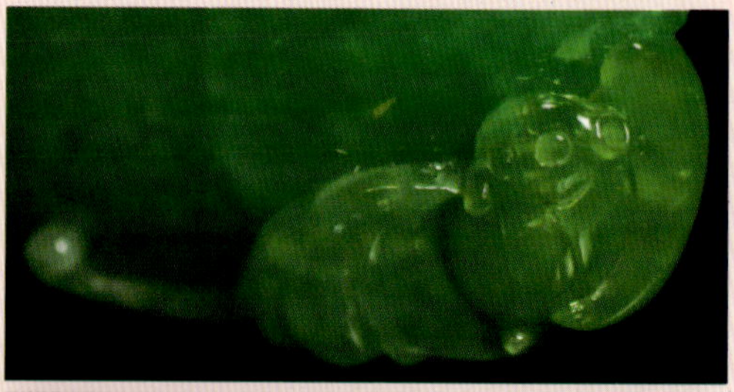

翡翠挂件

西方国家的名媛和纽约的顶尖玉器藏家，也都收藏翡翠，她们称翡翠为东方宝石。今天的中国和美国，喜爱翡翠的女人数以百万计，但女人能鉴定翡翠，开课讲演，主持拍卖，并且确立了信誉的女人不多。万珺是一个。

我不确定一定能见到万珺，但也不确定就一定见不到。

跟我通电话的女孩从桌边站起来招呼我，说你就是刚才来电话的那位女士吗？她递给我一本俱乐部的小册子，封面上一尊玻璃种洒蓝花的观音。女孩按照我的请求，向我说了一番开办翡翠鉴定学习班的日程安排，如何报名、缴费，等等。谈了一会儿，似乎也再没什么可看没什么可说了，我也不想问能不能见到万珺了，当人已经到达那个设想了很久的地方时，那个地方的神秘就消失了。万珺还原到一个作者，写了一本关于翡翠的书。我们之间没有任何关系,除了都喜欢翡翠。

刚站起来准备离开,从里房间走出几个人,抬着一帧巨大的镶镜框彩色大照片,照片上是一枚玻璃种满绿平安扣,饱满丰腴,绿色透光,像一条没有被工业排放污染过的溪流。看到平安扣我不禁站起来，对她顶礼膜拜。如果有一枚那样的平安扣，收藏翡翠的人就能说是达到了很高的境界,再往后就难找到更好的东西了。

照片朝公司门外移动,随后跟出一个身量娇小的女人,挺瘦,她面带微笑,跟办公室的工作人员打招呼。我一眼认出这个女人就是万珺,但我突然不打算跟她打招呼了,我怕被草草应付。可是她朝站在厅堂的我看一下,对我客气地点点头,一笑。眼神中有着询问的意思。

请问你是万珺女士?

是啊,我是万珺,你是?

于是我简单介绍了自己，到这里来是为一个纽约做翡翠生意的女孩打听报名的事情，而没有告诉她还是为了见到她这个人。其实我想见到她,是我写《翡翠女人》计划的一部分,在我定义的翡翠女人中,万珺是最

知识链接

老坑翡翠和新坑翡翠

在翡翠中,老坑种与新坑种的区别,不在时间的远近。

翡翠分原生矿和次生矿。原生矿指没有经历,或仅经历了较弱的初期地质运动造就的矿物,这类翡翠等级较差,是“新坑”。

翡翠的次生矿,则指经过河水的冲洗、大地震和风化等猛烈的地壳运动形成的矿物,这种翡翠称为“老坑”。

老坑与新坑,与翡翠矿床形成的时间无关,它是种份的分界。种份好、透明度高、结晶细腻又纯净无瑕的翡翠,通称“老坑种”。反之,则是新坑种。

只要质地细密,水头充分,颜色纯正,都是绝佳的翡翠。如果听到有人夸赞你的翡翠是“老种”,这就是一块值得羡慕和珍藏的翡翠了。

玻璃种飘绿花净水观音

合适的人物之一。

万珺脸上露出笑容请我坐坐，我想万珺已经猜到我去万瑞祥俱乐部的真正原因。我们之间隔着那枚透明的平安扣，彼此能看到彼此。

万珺伸出一只手指着沙发说：请坐，再坐一会儿，大老远的来一趟不容易，小陈，上茶！

小陈的托盘上放一只紫砂壶，两只紫砂杯，杯上袅袅地浮着热气。

我们的谈话开场就是主题，一个不爱翡翠的人不会去找她，找她必为翡翠。而我那时包里放着两块翡翠，很想找个机会让她给看看。我想她给我看看翡翠，我来看看她这个人。

正如《万珺讲翡翠收藏》里随附的那些美轮美奂的翡翠照片一样，万珺也美，而原本我是不信文如其人的。万珺的形质恰如一块好翡翠，温润柔和，跟在电视上看到的她完全一样，只是更瘦一些。在北京这个大浮世中，有这样一个翡翠专家，对远道而来的陌生人如此以诚相待，很罕见。

她叫我大姐。她叫我大姐不仅因为我年长，也因为我们是同好，只有同好才会在那么短的时间里一见如故。万珺告诉我，这个大楼是万瑞祥的总部，不放翡翠的，所以你跑了那么远的路没有亲眼看到我们的翡翠，非

翠品欣赏

冰种随型如意挂坠

为丝毫不浪费冰质满绿的料，玉匠最大限度保留这一小块原市的形状，所以是随型，小螭龙伏在水汪汪的如意上，虽小却因上等的质地和颜色而风情万种。远远一看，碧水一潭，最是抢眼。

冰种随型如意挂坠

常抱歉，有机会可以去燕莎宾馆那样的地方，我们有门市部。说那番话的时候，万珺还不知道，在纽约也有不少翡翠店，那里也有很多跟她一样心仪翡翠的中国女人。在跟万珺聊天的时候，这些纽约的翡翠女人栩栩如生地出现我眼前，她们为翡翠喜怒哀乐的故事，自然地加入了我们的对话。

万珺听我说翡翠在纽约的故事，听得非常入神，时时眼睛还会睁大起来，她说我还真不知道纽约也有那么多人喜欢翡翠。我说到纽约的艾蜜喜欢在有月亮的夜晚，把翡翠放在托盘上端到外面露台，在月光下端详抚摸。

彼情彼景让身在北京的万珺深受感动，她站起来了，脸上有了神往的表情，赞美那情致如此优雅如此爱慕，让人深信人和翡翠间的肌肤之亲是千真万确。

“大姐，我能约你一篇稿吗？写给我们的刊物，把你刚才说的那些故事写出来给我们，一定吸引人，可以吗？”她的北京话听来竟是甜美的。

我答应了万珺，虽然一直没有兑现，直到现在落笔写《翡翠女人》，把见万珺的奇缘当作开篇写，才算没有对她食言。

万珺看看手表，预约的客人要到了。我从包里拿出两块翡翠，请万珺给我看看，万珺接过来就着窗外旺盛的阳光仔细端详，点头说，大姐你如果写了文章，请把这两块翡翠拍成照片一道发来，可以吗？

万珺与我握别。

离开“万瑞祥”，踏上人行道，三四点钟的太阳不那么刺眼了，被数不清的高楼大厦切成碎片，金片般镶在墙角和墙缝上。我回头看了一眼刚刚走出来的高楼，好像这个我跟进去之前的那个我有了些不一样，北京城也有了些不一样。

在这座气象辽阔的京城，我算是陌生人了。对万瑞祥翡翠俱乐部，我也算是陌生人。可是见过万珺之后，万瑞祥和北京城都朝我走近了一步，这一步越过，我在似曾相识的都城找到了熟悉的身影和声音，找到了古道热肠的古风。

回到纽约开始写书。不久前的一个晚上，我坐在阳台上，在初秋的月亮下想起春天在北京见到万珺的那场经历，渐渐从心底开着一片亮光，我想从万珺开始写这本书，万珺是千千万万翡翠女人中的一个，她收藏翡翠的经历和故事，与其他女人收藏翡翠的经历和故事都是同根而生。

在我心里酝酿了很久的女人和翡翠之间的故事，就这样依次浮现，一一登场。

姊妹扣

沙雁正跟文艺圈中的几个女友吃饭，手机“滴滴滴滴”响起来，有短信进来。一个陌生号码发的。沙雁很讨厌那些推销产品的短信，看到就删。这次也许她正在吃饭，谈兴正浓，浓到她忽略了她平时不看陌生号码来信的

平安扣

冰种红翡对花生

习惯。信很短:“姐,速来宁,地址:×××××××××。”

女友们看沙雁的样子,纷纷问她怎么啦?谁来信啊?沙雁没有回答,低头发回一信:亭亭吗?对方回:是。沙雁又发:你好吗?对方回:不好,速来。

沙雁站起来跟朋友说对不起,我要去南京一趟。女友们纷纷问,出什么事儿啊?什么人一来信你就去南京啊?沙雁脸色霍然发白,淡淡地对朋友们笑笑说,你们吃,我得回去准备。她不想解释,她也不知道亭亭发生了什么事儿,她们之间已有好几年没有联系。几个朋友就叮嘱她开车慢点,不着急啊,需要帮忙说一声。沙雁迈着优雅的步子匆匆离开了包间。

找到亭亭很不容易,医院附近的出租房住的全是外地来看病的病人和家属。一式一样的简易房,有门牌号也很难找到,病人和病人之间,家属和家属之间都不认识,他们各自忧虑着各自的病患,忧虑着亲人的生死。

沙雁是个高挑美丽的女人,走到哪里都让周围的人黯然失色,她对此习以为常，可是眼下找到亭亭给她的地址，她从未有过地产生一种愿望，希望自己不要那么漂亮，也不要那么充满精力。虽然她还没有见到亭亭，却已经知道亭亭处在怎样的境地了。那是一个在迷茫和渴望中奋勇挣扎的地方，不管前面的路有多艰难，那里的人仍旧竭尽全力挣扎着。

门口堆放的杂物，自来水龙头边排着的水桶，长长的绳子上晾晒的衣裤，沙雁看了难过，她想着这里面的哪只水桶是亭亭的，哪件衣服是亭亭的。

沙雁站在了屋的门口，幽暗处站起一个人。沙雁不敢相信眼前这个亭亭就是她认识的那个亭亭，她形销骨立，原来秋水潺潺的眼睛暗淡无光，曾经那头令人惊羡的黑发剃光了，瘦削病弱让她看上去像一个生长在饥荒年代的少年。

而从前的亭亭那是怎样一个亭亭？刚进歌舞团的时候，即便是在一群亭亭玉立的跳舞女孩中，亭亭仍旧鹤立鸡群。红颜薄命说的不一定是被男人害，也是被女人害的。亭亭因为太漂亮而被孤立，女孩子们不愿意跟她住一间宿舍，也不大搭理她。却有一个大女孩对亭亭很好，这个大女孩就是沙雁。看亭亭拎着提包站在宿舍走廊不知所措，沙雁跟分队长说，让她

知识链接

翡翠的种

翡翠的“种”，是质地最重要的标尺，分四个方面：颜色、质地、透明度、净度。这四个标准决定了翡翠的优劣和价格。

种的分类是门复杂的学问，不要说一般喜爱翡翠的人，就是行家之间也很难得统一，有人总结出典型的四种：玻璃种，冰种，糯种、豆种。

万珺女士则这样分类：玻璃种、冰种、油种、豆种、干白种五级，其他界限不甚分明的种质，多可归纳在这五种种类中。我个人认为这种分类更清楚些。

辨清翡翠的种，是至关重要的。如果我们能够一眼看出一块翡翠的种质，就可以说懂得翡翠了。

跟我住。亭亭跟在沙雁身后走进宿舍，她把提包放下，怯怯叫了沙雁一声：姐。

沙雁因为比亭亭年长，几年后之后结婚搬出了集体宿舍。亭亭长大了，舞跳得让其他女孩望其项背，人也出脱似临水照花。沙雁结婚以后亭亭仍旧常去她简单的家，还常在沙雁家吃饭，所以沙雁对亭亭开玩笑说：亭亭啊，你可是我养大的。亭亭就说：姐，我将来挣了大钱孝敬你。

可是亭亭没有能在舞台上走到风光的极致，她骨折了好几次，终于不能再跳舞，领导十分惋惜，只好让她转业。离开军队前，沙雁陪她在练功房坐到深夜，亭亭把领章帽徽摘下来，放在老式唱机的唱片上随着练功的音乐转，一圈一圈地就像练习原地旋转。沙雁坐在地板上就那么看着她，夜很深了，她才开口问亭亭以后打算干什么。亭亭不知道，好像除了会跳舞，什么都不会。她擦擦眼泪说：不过放心吧姐，我会好好生活的！

亭亭走了，沙雁一直在演艺圈做人生，越来越好。而亭亭有好几年不跟沙雁联系，沙雁也忙得顾不上，她那么年青路还长着，沙雁不担心她。

有一天，亭亭突然到北京找到了沙雁，比起穿军装那时，她更是时尚漂亮。这些年亭亭历经沧海，什么都做，服装生意，饮料批发，后来去了南方，在桂林开过米线店，挺赚钱。积攒了一笔钱以后，她就跟人合伙做起翡翠生意。她跟人去过缅甸，也在腾冲丽江呆过，后来在昆明盘了一间店面，做得还不错。沙雁对翡翠一无所知，可是她那样一个丽人，一见翡翠就明白她已经错过了好东西。亭亭把手伸给她看，沙雁才注意到她戴着的一枚翡翠戒指，像一汪浅色春水，深处有两缕艳绿丝儿，水草似的在光线下变化游移。还有一只镯子，透明透明得也像一汪春水，也有几丝水草游动。

亭亭问：姐，你喜欢翡翠？沙雁说不上是不是喜欢，就没戴过翡翠，不过真美，太美了！沙雁没有想到那个小亭亭竟会跑到云南去做翡翠生意，真是哪里的水都养人。

亭亭从手上脱下翠戒，就要送给沙雁。沙雁连连推脱，说这是不行的，这是不行的，这么漂亮，我不能夺爱。

平安扣和紫檀佛手

亭亭简略精要地跟沙雁说了一番她戴的戒指和镯子，蛋面戒指是玻璃种，镯子是冰种，都是自己在做这一行的时候收藏的。那是沙雁和亭亭在分开几年后的第一次见面，见面的话题竟然主要是翡翠，亭亭不知道沙雁会对翡翠这样一见生情，后悔到北京没有带个手镯给她。离开北京的时候，亭亭要沙雁等着她下次来北京，一定给她找几件好翡翠。

沙雁后来到各大商场的翡翠柜台前浏览，惊讶地发现翡翠原来那么贵。玻璃种冰种都是翠中极品，只要有几分绿，都要好几十万，依照沙雁那

时的收入，买一个翡翠大概要好一年吃不上饭。她就给亭亭发短信说：今去王府井，见翡翠，你可以孝敬姐啦！ :)

亭亭回信：正替你找平安扣呢！ :)

那次分别后，亭亭又是几年没有跟沙雁见面，她和沙雁已是两界中人，沙雁在军队，虽然时代大潮冲决了军队与地方的樊篱，初见外面世界的风光，但毕竟还是军队，比不得亭亭的漂流四海。偶尔短信往来，沙雁得知亭亭遇到个做物流的男人，两人投缘结婚了，亭亭结掉了在云南的翡

翠品欣赏

玻璃种

玻璃种为翡翠中等级最高的翡翠，透明接近玻璃而得此名，玻璃种的水头是最丰沛的，达十分水。

这枚戒指绿是春水绿，种是玻璃种，玫瑰金镶碎钻，葫芦形戒面。无可挑剔的颜色和种地。

S21-玻璃种春水绿葫芦戒

翠生意，跟男人到杭州安家落户，男人做物流相当赚钱，不要亭亭再做生意忙碌，说起来翡翠生意是个文雅的生意，毕竟还是要讨好客人，还是要看重钱，亭亭那样气质的女人，最好不要直接跟钱打交道。亭亭这些年就闲散着，一清早去公园跳跳舞，回家看看书。

没有料到这样清闲优雅的生活，倒让亭亭病倒了。

沙雁走过去要抱亭亭，亭亭没有让她抱着，朝后退了一步，说：姐，你坐。她指着低矮的屋子里唯一一张椅子请沙雁坐，自己坐在一张小板凳上。一个男人推门进来，手里拎着水壶，看到沙雁那男人有些吃惊，沙雁在这样的出租房里，显得很不相称。亭亭说：我丈夫。沙雁朝他点点头，站起身来要跟他握手，男人没有伸出手给她，客气地说你坐你坐，亭亭一直等你来。

亭亭坐在小板凳上，抬头看着沙雁，平静地把自己的情况说给沙雁听。后来她开始头疼，也没有在意，再后来视力不好了，人晕得厉害，可就是不想看病，怕麻烦。拖了一年再看，脑癌，晚了。沙雁责怪亭亭不告诉她，这么大的事情瞒着。亭亭说告诉谁都没有用，现在租了房子在这里化疗，也不知能撑多久。撑到快要结束了，她觉得是时候了，该看看沙雁姐了。所以很抱歉让沙雁看到自己这副样子。

房间外面传来咳嗽声叹气声哭声，大声说着看病筹钱找专家门诊，自来水龙头哗哗地往铁桶和木桶中灌水。这种生活情状原本与沙雁那么遥远，此刻却就在她身边，是亭亭正过着的日子。那让沙雁本来就沉重的心情雪上加霜。但亭亭不受影响，她已经做好了准备。亭亭看着沙雁几次欲言又止，男人见了很自觉，就说我出去买菜回来做点饭菜，你们聊。

男人一出去，亭亭的感情显然起了激越。沙雁把椅子朝亭亭身边拉近一些，单刀直入，请亭亭对她说实话，如果有事情想请她办，她一定办好，“放心，亭亭。”说到这里沙雁的眼泪忍不住。

亭亭说没有什么事情要交代的，她就是想在走之前再看看沙雁，她没有孩子，男人做物流与她聚少离多，感情上没有生死牵挂。可她对沙雁永远有着了不断的感情，少年时代的哥儿们义气，可以直到生命终点。

她们没有说很长时间的话，亭亭就累了，沙雁要她躺下休息，她明天再来看她。亭亭说不，姐，你不要再来，真的不要，我今天请你从北京来，是为了一件事。她吃力地站起来走到床边，从枕头下拿出一个织绣细密的绸缎红包，从里面取出一颗平安扣递给沙雁。

这颗翠扣种很老，饱满浑圆，猛一看水头不是很透，但举起来看凡绿色之处都透明，像一条条小溪穿过沙土地流向四面八方，正合了专说翡翠的一句话，“龙到处有水”。此处的“龙”指的就是绿色。沙雁仔细看这些绿色，仿佛是漆刷在翠面上，饱和浓酽，而细看呢又是含在平安扣深处的。

亭亭说，戴久了，那深处的绿色就会浮上来。

沙雁推脱着，从坚决到委婉到无法拒绝。这平安扣她一看就吃惊，绿色的翡翠她见过了，这些年她身边女友掀起热爱和收藏的高潮，她也通过朋友介绍买过几件，可是这模样的平安扣她没有遇到。但她不能接收亭亭的赠送，这是一个特别的时刻，是亭亭艰难的坎子，如此贵重的翡翠，就是出钱买，她也不能。

亭亭之所以盼望沙雁来南京一趟，就是想把这枚平安扣亲手交给沙雁，这是她寻觅了很久的翡翠。

平安扣在翡翠中是一种常见的挂饰，形状简单大方，表达了对人生平安宁静的祝福。可是亭亭要找的不是一颗，而是一对，她们要从同一块石头上切下来，有着同样的水头、颜色和大小厚薄，一颗给沙雁，一颗留给自己。踏遍青山，终于在腾冲的一个老供货商那里找到了这对扣，磨了很久才拿到，本来想找个机会到北京去一趟，送给沙雁。没有想到还没有机会去北京，自己就到了人生的终点。

“这么漂亮的翡翠，留给你丈夫或者你妈妈吧。”沙雁说着推开她的手。亭亭没有回应沙雁的话，只喊了一声，姐！

沙雁接过了平安扣，手心一凉，她攥起手心，用体温暖着亭亭的留赠。亭亭笑了，这颗平安扣她也有一颗，咱俩一人一颗，她们是一对。亭亭黯淡

鱼龙戏珠坠儿

干枯的眼睛里闪亮起来，这眼神沙雁熟悉，亭亭在舞台上的眼神非常迷人，半人半神，好像看着你，你却捕不到，扑朔迷离。她从枕头下拿出另外一颗递给沙雁。沙雁把一对平安扣都攥在手心，她想着此时此刻要让她们挨得紧一些再紧一些，让她们牢牢记得彼此。

沙雁背过身去，流泪了。当她回过头来时，亭亭正静静地看着她。

沙雁手心里攥着温暖的平安扣：姐留着，留着为你祈祷，亭亭你记住，要好好治病好好活着，姐不跟你告别，我们一定要重逢！

那一刹那，沙雁想起亭亭跳舞的姿态，像风一样吹过霞一样升起。

沙雁和亭亭拥抱了一下，告别了。

这以后，沙雁就再也联系不上亭亭。她的手机永远是那句：对不起，你所拨打的电话已关机。就这样，亭亭从沙雁的生活中走掉了。想念亭亭的时候沙雁就把平安扣握在掌心，念念为她祈祷。亭亭是沙雁一个心痛的隐秘，在她后来的日子里没有人知道亭亭，她离开舞台太早了，离开翡翠这一行也太早了，可是比起离开人生这些离开都不算什么了。沙雁记住亭亭说过的，只要你心诚，翡翠就懂得你的心。沙雁居然就有了跟平安扣说话的习惯，每当她抚摸平安扣，就跟它说：亭亭啊，你一定好好的！好起来！她希望亭亭是去了一个草木葱茏的地方，静养身体，等待恢复。也许，她又回到了云南，那个美丽的地方？

两年过去了。忽然有一天，沙雁的手机上进来一个陌生电话号码的短信。沙雁心头一动，本能告诉她这是亭亭！她打开短信："姐，我是亭亭。明天到北京，你在吗？”

她俩分手后，亭亭跟丈夫离婚，丈夫不愿意，亭亭说假如不离那么她还是要走，不如好说好散。丈夫哭着离开了出租屋。

亭亭把手上的细软全部脱手变现，退掉蚕壳那么小的出租房，胸前挂着那颗平安扣，开始云游天下。她关掉了手机，毅然离开所有的亲人，独自出世，她的家人和朋友都认为亭亭是想找个安静的地方度过最后时光。只有沙雁在内心深处仍旧期待，亭亭不是一个轻言放弃的女人，从跳舞到离开部队，闯荡天下什么都做，她应当挺过一切磨难回到生活，她们说好还要重逢的。

当亭亭来到北京和沙雁面对面的时候，沙雁吃了一惊，除了人瘦，一点看不出亭亭曾经大病濒死。亭亭说：姐，我好了，到医院检查，医生也不

翠品欣赏

白玻璃种

简洁优雅的树叶形佩饰最适合年青女孩佩戴，寓意事业有成。

这枚挂饰是玻璃种，中间的白花絮是天然物质。玻璃种若达到极品就没有一丝絮状物了，完全与地子融为一体。但达到极品玻璃种的翡翠世上罕见，再是绿色，便是天价珍品。

翡翠虽然以绿色为贵，但白色玻璃种的饰品，已经走上高档拍卖会，她如冰类雪的质地和爽静的色调让人迷恋。

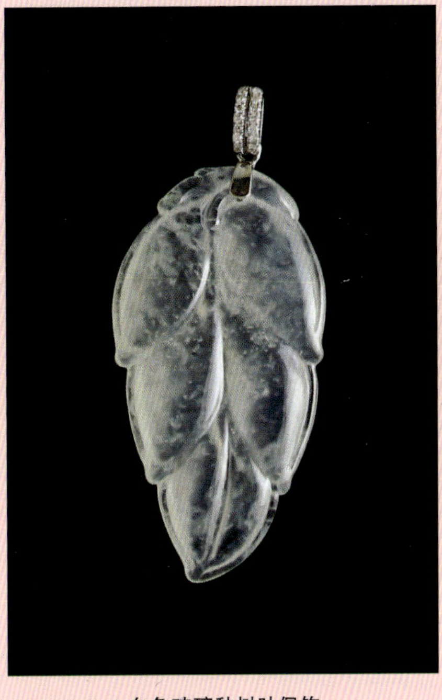

白色玻璃种树叶佩饰

相信肿瘤吸收了。她说着从衣领中拉出那颗翡翠平安扣，这颗陪着她云游天下的宝贝，在她没有目的地的云游途中，陪伴她的只有这颗翡翠扣。

亭亭后来说的话，让沙雁感到翡翠最神秘的魅力。旅行途中她常把平安扣放在手心摩挲，专注地端详每一缕翠丝，她发现一缕一缕地那些翠丝渐渐散开来，在扣面上面积越来越大，本来沉在翡翠质地中间的绿色也慢慢浮到表面，更加明艳清晰。那让亭亭深信，沙雁在遥远的北京，把她的祈祷和祝福通过这枚平安扣传达给自己，福佑着她平静对待苦难和绝望，挣脱病患走向康复。

沙雁拿出她那颗翡翠平安扣放在亭亭的那颗旁边，一对经历过永别的姊妹扣重逢了。

在北京三天，最先拜访了万珺，然后就约了沙雁。我和沙雁从前也是歌舞团的姊妹，后来劳燕分飞，远隔万里，不管我什么时候回国，沙雁一定到南京看我，或者我专程从北京转机看她。

在“兆龙宾馆”附近的“俏江南”一个靠窗的桌边，沙雁给我说了这个故事，给我看了她手里的平安扣，还有这对姊妹扣的合影。

那天，沙雁穿着黑色套装，浅灰色衬衣，系一条淡绿纱巾。从她那里我看到了亭亭，她的美貌一定和沙雁不相上下。只有如此美丽的女人，才会有如此动人的翡翠故事。

为伊消得人憔悴

镯子是老坑种，入过土，镯面上有土壤中其他元素渗进翡翠裂纹的颜色，味道古老沉郁。

老坑镯满绿，特别厚特别高，圈口一边高一边低，独具匠心。这只手镯用料慷慨，现在已经很难取到如此长足的料来制如此宽厚的镯子了。手镯的一面颜色浓绿，以浮雕刀法刻出荷塘游鱼，荷叶阔大壮硕，游鱼肥大。另一半是素面，绿色均匀，上面覆盖淡褐浅黄，是在土中被沁出来的，氤氤氲氲雨雾蒸腾，看山像山，看水似水。

专事古物修复的台湾女人阿卓说，出土的翡翠如果质地好，又常常佩戴，翠面上的土沁和斑点都会渐渐变淡，越变越透明干净。

后来事实证明了阿卓的专业知识的确精专，镯子上看似杂色的地方由淡而转透明乃至消失，把当初酷肖山水庭院的景致分解了。

镯子在“宝翠轩”放了些日子，因为她的古老气质特别吸引目光，可也因为她通身的古老气质始终没有人敢买。

在收藏翡翠的女人中，多数人不大敢戴出土的翠镯，一般人喜欢买新

雕花老镯(正面)

雕花老镯(背面)

知识链接

手镯是最经典最古老的翡翠形制。中国女人戴镯子有几千年历史，从玉到象牙到金子银子，延至犀角、玛瑙、水晶、蜜蜡，都被制成手镯。

如果问一个想买翡翠的女人最先买什么，绝大多数会说手镯。镯子的形制很多，圆镯，扁镯，方镯，椭圆镯，贵妃镯；镯子有薄有厚，宽窄不一。镯有素面，也有浮雕和透雕、镂空雕。浮雕多为吉祥纹饰，蝙蝠、如意、莲花、鱼，蜘蛛，不胜枚举。

如果想买手镯，种地好水头好颜色俏的镯子，最值得下本钱，其中最需关注的是种，并非色。玻璃种满绿的镯子可以卖到好几百万乃至千万。去年北京出现一对冰种满色紫罗兰手镯，估价两千万。但这都是收藏级的翡翠，通常碰不到，也未必买得起。

买翡翠，一要心爱；二要凭财力。万不要勉强。美好的东西数不胜数，遇到见过也可说有过，不必非要拥有。

镯子，有些更挑剔的女人就连人家戴过的镯子都不要戴，说一定要镯子上只有自己的温度和气息，最好是昨天直接从玉匠手里拿过来，拿回家洗洗干净，从此只是我和翡翠。所以做翡翠生意的人，碰到出土的翡翠都不大愿意吃下来卖。

“宝翠轩翡翠行”的老板娘，英文名字叫雪莱，人爽静快乐，做生意人缘好，因翠结交了很多朋友。她卖出的翡翠，不退不换，除非你去美国最权威的珠宝鉴定公司 GIA 鉴定，如果是有充填物或者染色，她二话不讲包换包退。此外就还有一种情况会立刻调换，或者悉数还给你钱，那就是假如你买了翡翠，特别是出土翡翠，戴着不舒服头疼，只要你告诉雪莱，那么即便你不想换，她也劝你换。

说买主到了买主就到了，这只镯被桑迪一眼相中。桑迪开鲜花店，因为地段好所以生意一直不错，她没有别的爱好，迷翡翠。桑迪一看到这镯子就激动，踮起脚尖伸长身子整个儿趴在了玻璃柜台上，说你快点拿给我看看，快点！桑迪最迷老东西，在翡翠来说，她喜欢颜色要浓要饱，不一定满绿，但绿的地方要过瘾，水头倒是可以不见得非要那么透，细腻就足够。出土的翡翠因埋在地下年头久了，空气不流通就会渐渐陈闷，失去光泽，不过一见天日，人戴久了会重新光润油亮，好比会吐故纳新的机体，变得通透晶莹。此外，桑迪还特别讲究工，老工匠的手艺她觉得现在很难比得上，就算比得上也是另一种味道，无论是蝙蝠还是螭龙，甚至瑞草和祥云，都刀法流利，中途不停顿一刻到底，看了心中爽快。这枚老坑手镯就完全符合她的标准。雪莱拿出来给她，一边说：你不一定戴得上噢。可是桑迪一戴就戴上了手腕。

看看，就是替我做的嘛，要了！翡翠吗，讲的就是一点不差才行。

雪莱说：你真会挑，你皮肤白戴上好美！不过桑迪，这可是入过土的老翠儿，看到沁色没有？老种都贵。

桑迪一眼看着镯子一眼斜着雪莱，说知道，这些日子翡翠就没有停过涨价，我不怕贵，你知道我的，价钱告诉我。

雪莱的每件翡翠上，都有一个白色小标签，写着价码。和任何一家玉器翡翠店一样，价格都是店主定，没有统一的标准，所以说黄金有价玉无价。买玉买翠，自己要心里有数，比较同类的翡翠在其他地方大约卖多少钱来判定算不算太贵，不过最重要的是你究竟喜欢不喜欢这件东西。

雪莱报价不说出口，拿一个小计算机，在上面用指尖点点点点，然后给买主一个人看。打给桑迪看的数字我是后来知道的。后来事情发生了，起了波折，然后结束了，变成雪莱的心结，才说出来让几个翠友听听。桑迪伸头看看，说没有问题啊，就这个价，现在翡翠涨的凶嘛，明天我送钱来，东西你给我留好。

第二天桑迪果然送了钱去，拿了镯子兴高采烈回店里去。谁知道不几天后，桑迪带着镯子回到"宝翠轩"，雪莱一看她表情就知道麻烦来了。桑迪站在柜台前从包包里掏出那只跟她回家才几天的镯子，责问雪莱说：你为什么不告诉我是出土的？雪莱一愣，我当时就说了的，说这是老坑翠出土的，还要你看清上面的沁，你没有听清吗？

是吗？那我没听到？

雪莱反应快，问：既然你那天没听清，那你又是怎么知道这是出土的

老三彩镂雕蝙蝠手镯

翠品欣赏

老三彩镂雕老蝠镯局部

老坑三彩镯子，不够透明，但一只镯子上有白色、绿色和翡色，是很难得的。

工匠以透雕的技法，巧妙利用了几种颜色，蝙蝠和福果是翡色，浮雕下面被挖空，露出镯面上一段翠绿颜色，富有层次感。工匠保留了这块石头中的三种颜色，琢成复式镂空雕手镯，色彩纷呈，立体感强，市面上很少见到。所以虽然她不十分透，却因细腻的质地和多彩，以及匠心独具的透雕工，也是珍品了。

呢？桑迪说是她妈妈讲的，她妈妈一看就说这个镯子啊，出土的，出土的东西有阴气，不能戴！

桑迪赶紧把这只镯子拿到地下室，放在条桌上，盖一张从慈航精舍批来的避邪驱灾的红纸。桑迪不想把镯子退给雪莱，只是要给这镯子驱邪避灾，因为她自己真是喜爱它。凡是一个女人第一眼就看中的翡翠，那是植根在心底的。要说不要了，不管是让给别人还是退回店里，都像刚谈了恋爱，心里喜欢那男人，可是父母不同意，非要拆散了你，要么跟那个男人走跟家里人散；不然你跟男人散，回到父母身边！

桑迪的妈妈没有因为镯子被消了灾而接受镯子，非要她把这只镯子拿走，否则家里要出事，老太太甚至为此急得哭。桑迪没有办法，只好把镯子送回到雪莱店里，说真对不起，真的不能留了，我是舍不得的。雪莱有些不开心，说既然你喜欢，那为什么还要退呢？你知道我这里是不退的，再说你也不是戴了镯子就头疼。

雪莱从来不说退货的“货”字，“货”这个字对翡翠来说，有着不敬，雪莱觉得翡翠是有生命的，不是件东西。桑迪说怕给家里带来不好，万一老太太出事了怎么好？这样一说，雪莱就不争了，她不愿意自家出去的翡翠变成没有家的孩子。她不愉快地说:冯小姐啊,以后拿翡翠想想好再拿,都这样拿走又拿回来,生意怎么做呢?还让人以为是B货呢。桑迪不好意思,说以后不会的啦,这样吧老板娘,我把东西放在你这里,你再卖出去,不过再卖就不是这个价钱了。

雪莱很吃惊,问你想怎么卖呢?桑迪也直爽,说是这样的,出土的东西不是不好,是我们家不能留,我妈不能留,但是你知道吗,有人看到这个镯子,都给我出高价了,出的是翻倍的钱呢。雪莱说既然是有人出价,你就卖给这个人好啰,我又不想挣这个钱。桑迪不解释,总之没有直接卖给那个人,而是退到翡翠店要雪莱来卖,价钱嘛,double,翻倍。

桑迪匆匆就去花店了,走出玻璃门回转身说:对不起噢老板娘,这个忙请你帮,我以后还来买你的翡翠。

老镯躺在玻璃柜台上,雪莱替翡翠镯子难受起来,在她眼里,翡翠来到世上不是让人选的,而是她选人,每一件翡翠都在等待,足不出户却在寻寻觅觅,等那个注定找到她的人把她带回身边。金子银子,珍珠钻石,跟翡翠都不同,你要是想买几根同样的金项链银项链,花钱就买得到。翡翠可就不了,翡翠一件就是一件,桩桩件件都不一样,同一块料上切下来也有颜色纹路的不同,都是独一无二的。你今天看到她不买,说不定明天就再也不在了。所以雪莱爱每一件翡翠。她出手翡翠看人,人相貌不好说话不礼貌,她还不卖,千方百计说服人家不要买,人家也往往被她说服。她会私下这样说:她不配!

雪莱轻轻拿起老镯,抚摸一阵准备放回原来的地方,还没有放回柜台,杨太太漂亮的脸出现在玻璃门外,她按了门铃,铃声泠泠地响。杨太太的英文名字叫艾蜜,是雪莱的大买家,选翡翠眼光精准而挑剔,相中的东西当场出手,不还价。不还价是因为杨太太为人爽朗,也因为杨先生对太太的喜好从不说长道短,只要她高兴,怎么都行。

艾蜜一阵春风走进来,一时间店铺好像同时拥进好些人。她这个人身上就带着那种气场,像王熙凤。艾蜜不光喜欢绿翠,只要种份好水头长,红翡黄翡白翠她都收藏。

艾蜜一眼看出雪莱脸色不好，就问怎么啦~？这个~表示长长的拖腔，是广东和香港人说话的特殊声腔，能把不开心的事情化解在拖音中。

雪莱见到艾蜜，不觉有点委屈，三言两语马上说清楚事情。

艾蜜手一伸，什么人啊？这样的镯子还退回来！来，let me see（给我看看）。结果她也一见就喜欢上了，哎呀，什么都有！种有，水有，色也有，还有工，工也是老工，来，拿放大镜我看看，let me see!她把镯子有雕工的那一面调过来朝上。店堂里鸦雀无声，连一直坐在店里杀时间的阿冬也不做声，出去抽烟去了。

My God（天哪）！艾蜜烈声一叫，不知道她在镯子上看到了什么？裂纹吗？“你不要把镯子叫裂了噢！”雪莱开她的玩笑。

艾蜜摇着头压低声音告诉雪莱，那镯子上的亭台楼阁和小桥池塘，跟她现在这个家后院一模一样，一模一样，一模一样噢！

这真是闻所未闻。雪莱做生意那么多年，关于翡翠的传说和神话听过很多，但像艾蜜所说的巧合她从来没有碰到，这镯子她是熟悉的，哪里有那么复杂的工？可是艾蜜看到了。艾蜜看到的不见得雪莱也看到，我们看世界的眼光是千差万别的。

在美国有座房子，后院的样式跟清代镯子上的雕刻一模一样，天下有这样的巧合，这让艾蜜激动了。

雪莱说不会吧，镯子是清代的，那时的玉匠雕琢翡翠，怎么会料到一百年后，在纽约你家院子里，有一式一样的庭院呢？

艾蜜脸上泛起红潮，说：我跟你说像就是像，你又没有去过我家，我为什么要编呢？她把镯子戴在腕上，左看好看，右看还是好看，艾蜜想，这只镯子是千里迢迢来找自己的，不光是千里迢迢的路，还穿越百年的光阴，经过了桑迪的手，终于还是找到了她。

俗话说的缘分，再没有比艾蜜碰到老坑清代手镯更神秘了。

照桑迪的吩咐，雪莱把桑迪要的翻了倍的价格报给艾蜜，她有些担心这个价钱艾蜜不一定接受。可是艾蜜不假思索地说，我明天就给你账上打钱。

阿冬在店外抽完烟回来了，听说她买下了这只镯子，对她说：杨太，你想好了噢，这可是入过土的，有些人不能带出土的镯子的。艾蜜看看他，侧过脸那么一笑，小看他的样子，说阿冬你不知道吗，我专门喜欢出土的东西，我是压得住的。

事情干净利索，双方高兴。雪莱致电桑迪，要她赶紧过来拿钱，不要又节外生枝。桑迪没有想到这样快镯子就有人买去，口气是高兴的也是失落的。拿了钱道谢了雪莱，也没有多话，就走了。而拿了镯子回去的艾蜜，不久就给雪莱电话说，她老公见到镯子也不敢相信世上有这样的巧合，真的是万物都有轮回转世，翡翠也有。

雪莱就要艾蜜带着镯子来一趟，让她见识见识。艾蜜做事不拖拉，第二天不光带着镯子，还带着一张照片，她人站在花园的一座小桥前，桥边有个小池塘，夏天拍的照片就看得见水面的荷花。建花园的时候艾蜜请了风水师，风水师在小桥附近加设了假山，整体看来是跟镯上的景象相近。

老三彩手镯

冰三彩镯子

艾蜜问雪莱:是不是,是不是一模一样?

雪莱还是看不出来什么地方让艾蜜看出了一模一样,不过雪莱明白,艾蜜的想象很大程度上是因为土沁的晕散,它散布在镯子的绿色中间,形成山水画的气象,是大自然的神来之笔,但很可能佩戴久了,土沁和绿根都会游走散开,那时候镯面会出现新景象。艾蜜不是用眼睛看手镯上的雕刻和纹路,她用的是心,心上长着眼睛。

几天之后,桑迪脸色沉沉地又来了,说话的声音有些颤:老板娘,我不该卖那只老镯。

是吗,怎么啦?

桑迪坐在椅子上叹气。自从退回了那只镯子,她整个人都不对了,手脚成天冰冰凉,浑身没有劲,食不甘味寝不安席,失眠失到不能做工,不能做工我怎么办?家里家里又发生怪事,台面上放得好好的一只玉杯,谁都没有碰就掉在地上碎了;好好的儿子就发高烧,发烧好几天水米不进,吃药都不退,开车带他去医院看病吧,在路上差点撞到人行道上,两个人都撞得有点晕,还好是没有出大事。说着说着竟哭了。

雪莱不同情桑迪,看着桑迪发青的脸,跟你说过,老翡翠是有灵气的,不能说要就要,说不要又不要,现在你找我,我有什么办法,人家钱都给了你了。

桑迪说:老板娘,你帮我把那只镯子从杨太太那里借回来好不好?就是借回来一下,你跟她说,我现在身体不行,可能是得罪了这只老镯子,我要带这只镯子去庙里烧个香,向她拜拜,谢个罪,然后还给她,行不行呢?请你一定帮这个忙。

雪莱禁不住桑迪哀求,说让我想想,想想之后说让我试试。就给艾蜜去了个电话,把事情说了一遍。艾蜜很干脆,说行,哪天我给你送去。艾蜜做人与翡翠一样华丽有派头,不久就把镯子送到了翡翠店,可是她没有想到这一送回去,就再也看不到镯子了。这个桑迪,把镯子拿走以后,转身就把钱送回"宝翠轩"店里,毫无商量地要雪莱把钱还给艾蜜,说镯子她不卖了,给她三万五万也不卖,这是个通灵的镯子,要供着,家里这段日子竟然发生好些奇异的喜事。

雪莱被桑迪的出尔反尔弄得慌了手脚,可是桑迪喜气洋洋地顾不上别人的感觉,只是说着她家离奇的喜事。

很久以前有个朋友向桑迪借了四万六千块钱入标会,说好半年一定还,可是不久人就不见了,电话也都掐断,双方失联十年,桑迪渐渐死心,晓得这笔钱不会还了。不料就在昨天,这个欠她钱的朋友,竟然给她来了个电话,说对不起借钱这么久不还,不好意思,请把账号告诉我,汇钱给你。你说奇不奇?十年啊,谁敢承望借去十年的钱还能还?

还有呢,老公也有好事,但是不能讲,反正也是没有想到会发生的,但是就是发生了!有关发生在老公身上的好事,谁都猜不透。说难道是包的二奶咽气了?不会,雪莱说桑迪的老公不是那种人。那么是生意忽然翻倍做大了?要么中了乐透大奖?这些应验在家里的神奇喜事,让桑迪坚如磐石地扣下了老镯子。

桑迪容光焕发，连说几声“sorry”就推门走了，镯子水灵灵的闪耀在午后的阳光里，跟着她回家去。

雪莱拿起手机又放下，放下手机再拿起，实在没有办法只好吞吞吐吐给艾蜜拨了过去。艾蜜一听事情变成这样，没有来得及说几句话，就哭出了声。她说那镯子是自家祖上隔代传下来，找了很多年才彼此找到的。还说，我把镯子放在托盘里，端到后院大阳台的桌子上，在月亮下拿着那镯子比照我家院子，还是像啊，特别是那条小桥，她真是照着来生的院子琢出来的呀。

雪莱无言以答。艾蜜的态度她不用想，就会是这样。

说到这里艾蜜气结：老板娘，你怎么这样做事？你不晓得我吗？我从来不跟你讲价，要什么给什么，够朋友的吧？

雪莱做这一行生意多年，知人知翠知做事的品，尽管这件事不怪她，可总是她打出去的电话招致艾蜜最终失去心头之爱。雪莱鼓起勇气对艾蜜说对不起艾蜜，真的太对不起你，我不知道桑迪是这样做事，万万没有想到。

没有想到？艾蜜更气了，她从来没有用这样的口气跟雪莱说话，她发飙了：不是你给我电话的吗？你说她拿去庙里拜拜就还给我的，你不知道吗？我白白相信你！说完艾蜜“啪”地，把手机关掉了。此后，任雪莱怎么给她电话，她都不接。桑迪退给她的钱，她也一直没有去拿，好像一个绝交的宣言。

年底，雪莱回国进货，一有空闲就到广东的玉器市场，一家一家看，想找一只让艾蜜喜欢的老镯，不管多贵她都要买回来带给艾蜜，自己贴钱也要把信誉和情谊补回来。哪里找得到？清代的老坑翡翠镯，还要镯面上有浮雕，雕工还要像艾蜜家的院子。你就是到清宫内府的库房里去找，也找不到。

日子日复一日过去，艾蜜好像搬离了纽约杳无音讯。雪莱每隔一段日子就给艾蜜不开机的手机去个电话。我们说，精诚所至，金石为开。雪莱最信这句话,“金石为开”中的石,也包括翡翠。她知道总有一天艾蜜还是会睬她,她和艾蜜之间的情谊,是翡翠一线牵起的。天底下只要还有翡翠,艾蜜就会找到她。而她这一辈子,都只会守着翡翠。

天寒地冻的冬天过去了;姹紫嫣红的春天过去了;夏季缓慢懒散地呼吸着,终于也过去了。在秋高气爽的日子里,艾蜜白皙的面孔出现在门口。雪莱惊喜不已地给她开了门,想着开口跟艾蜜说什么。艾蜜转过身在茶几上拿了一只纸杯,从饮水器中倒满一杯凉水,回头一笑问:有没有好东西,看看!

雪莱不说话只是笑着不停,把挂在多宝格最上面的模特女颈上一串满绿珠串取下,拿出一块黑色天鹅绒铺在柜台上,在浓黑的绒布上翠色华贵明艳。两个女人相视而笑。艾蜜买走了这串翡翠,雪莱送给她一颗硕大的红碧玺,艾蜜巧思无限地把她穿在翡翠项链的左上侧,活色生香。

姹紫嫣红都是翠

阿花坐在床上出神，周围的世界不复存在，满眼只是那只冰种紫罗兰葫芦坠儿。她想想懊恨，想想懊恨，恨自己是个犹豫不决举棋不定的人，没出息。

事情这样发生的。白天上班阿花就一直心神不定，手下给客人做着美容，怎么总是觉得手下不是对方的皮肤，而是紫罗兰翡翠的细腻表皮？她心跳快起来，突然有了紧迫感，突然痛下决心，决定去把紫罗兰葫芦买回来，于是放下手里的活儿，换个好手来替她接着给人做脸。她驾车从布鲁克林高地朝法拉盛飞奔。她不费时间找免费停车位，直接进了收费不菲的停车场。

看到阿花，老板娘有些吃惊，这不是阿花来的时间，要来她总是星期一来，那天她休息，而今天是星期二。阿花推开门进来，招呼都没有打，目光急急扫过后面的柜格，雪莱问她找什么。阿花问：那只紫罗兰呢？葫芦的那只？

被人买走啦！

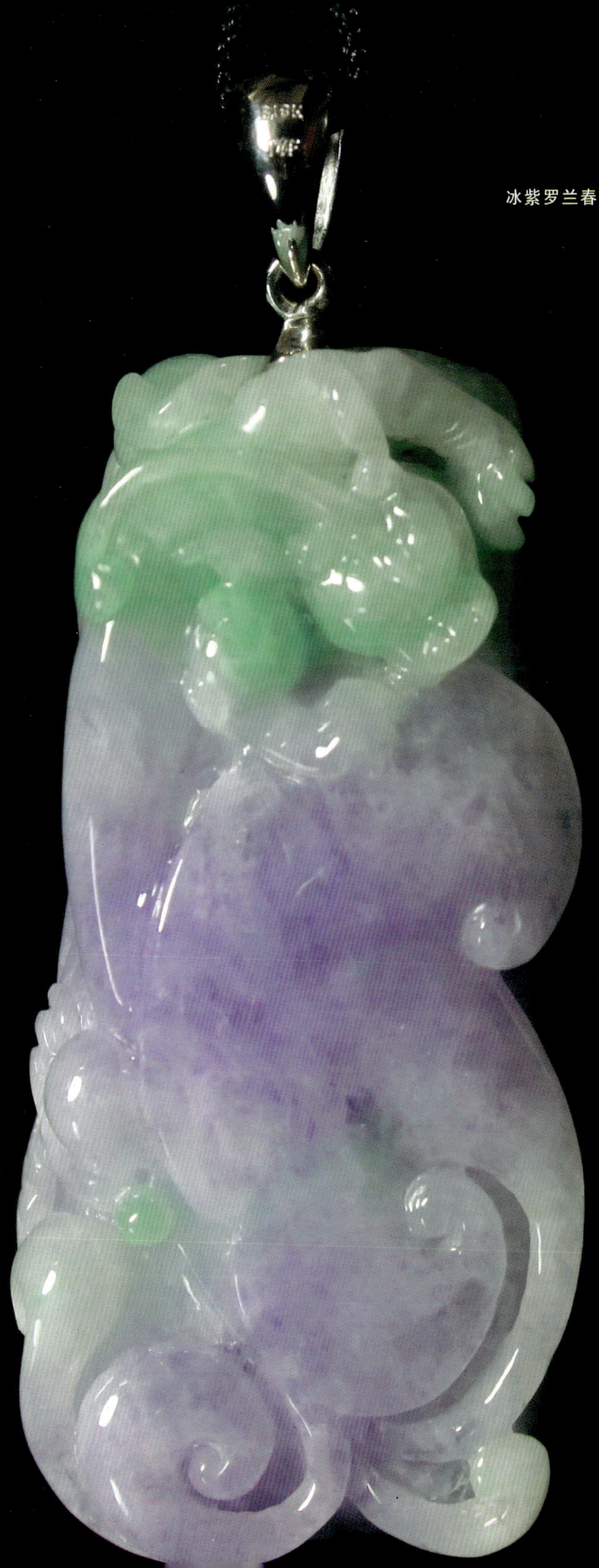

冰紫罗兰春带彩福瓜挂坠

春带彩福瓜

被人买走了?什么时候?昨天不是还在吗?阿花的声音有些变。

昨天你走了以后卖掉了,我都快要关门了,进来一对夫妻,买走了,还不止买了紫葫芦呢。

阿花不高兴了:我不是说让我考虑考虑的嘛。

可是你没有给我定金呀阿花?雪莱说话做事就力求站在理上,也都谦和低调。

既然一心想要的紫罗兰葫芦坠儿已经不在了,阿花的心就落了空,丝毫没有聊天的心情,转身推开门走了,连再见都没有跟雪莱说。店里其他翠友见了晓得事情不太好,都不说话看着雪莱,雪莱面色是镇静的,但也不很好受,她是愿意把好东西卖给熟识的女人的,这些人都在东海岸,多数在纽约,来她店里时常常会随身带着从她这里出去的翡翠给她看,特别是阿花。

阿花有个习惯,出门不带一包翡翠不能出门,她的平安福气全靠翡翠。可是,那么喜欢那个紫罗兰,为什么不留一句话呢?哪怕不给押金,只要说清楚了就行,彼此都是有信用的。也在店里坐着的安吉尔劝雪莱不要难过,雪莱,又不是你的错,以后阿花就懂了,喜欢什么要开口,要早点交钱订货。

道理雪莱自然懂,可这对做翡翠生意的女人来说,也为难。要记住每一个常客喜欢什么,各自的财力怎样,如果几个人都喜欢同样的翡翠,给谁呢?弄得不好大家不开心,做生意是做人,做朋友,不是做一桩赚一笔拉倒,要的是细水长流。

那天夜里阿花彻夜失眠了，眼前就是这枚紫罗兰葫芦，她闪着温柔的紫光，犹如玻璃碗中加了些红糖的熟藕粉，黏熟透明，她自小喜欢紫罗兰，但也从未碰到这样迷人的紫色。想着想着阿花的眼泪不觉掉下来，早已睡着的老公醒过来见床头灯还亮着，阿花神思出窍不知道天都快要亮了。老公知道她为了什么，含糊说了一句，睡吧，以后再找。阿花不睬他，他知道什么？翡翠没有了就是没有了，下次找的是另外一块，这一块永远没了。

而她本来是可以拥有它的，但她没有尽力，一个犹豫失之交臂。如果没有尽力，还能说你真的喜爱吗？还能说本该属于你吗？

那枚冰种葫芦挂坠，水头特别足质地特别细，还有了包浆。说翡翠上见到包浆是有点玄的，因为很难描摹出那种包浆内敛的光泽和透明度，像藕粉？像米汤？什么都像，可还是不准。包浆是光阴给的，没有什么东西穿

知识链接

高冰种叶佩

高冰种与玻璃种一步之遥，不过仔细看有些微小的区别，就是冰种白棉纹较多较密，颜色微蒙，透光度不及玻璃种。在翡翠的种质中，冰种仅次于玻璃种，无论何种颜色，都是翡翠中的佼佼者。

万珺女士这样划分种水的级别："对于在拍卖公司购买翡翠的买家，我帮他们将翡翠的水头分为十级：玻璃种为9～10分水，冰种为7～8分水，油种为6～7分水，细豆种为5～6分水，粗豆种为3～4分水，干白种为1～2分水。"

这枚叶珮应有7～8分水。

高冰种叶珮

越光阴而不留痕迹。做旧的人能在瓷器和木器上做包浆，但明眼人一看就看出了。还没有人能在翡翠上做包浆的。包浆使翡翠的光芒更夺目又更温婉。

这件老种紫罗兰葫芦是新近出现在柜台里的。雪莱知道我情迷紫罗兰，赶在别人之前拿给我看，我一看就喜欢，但觉得价钱高了些，再喜欢的

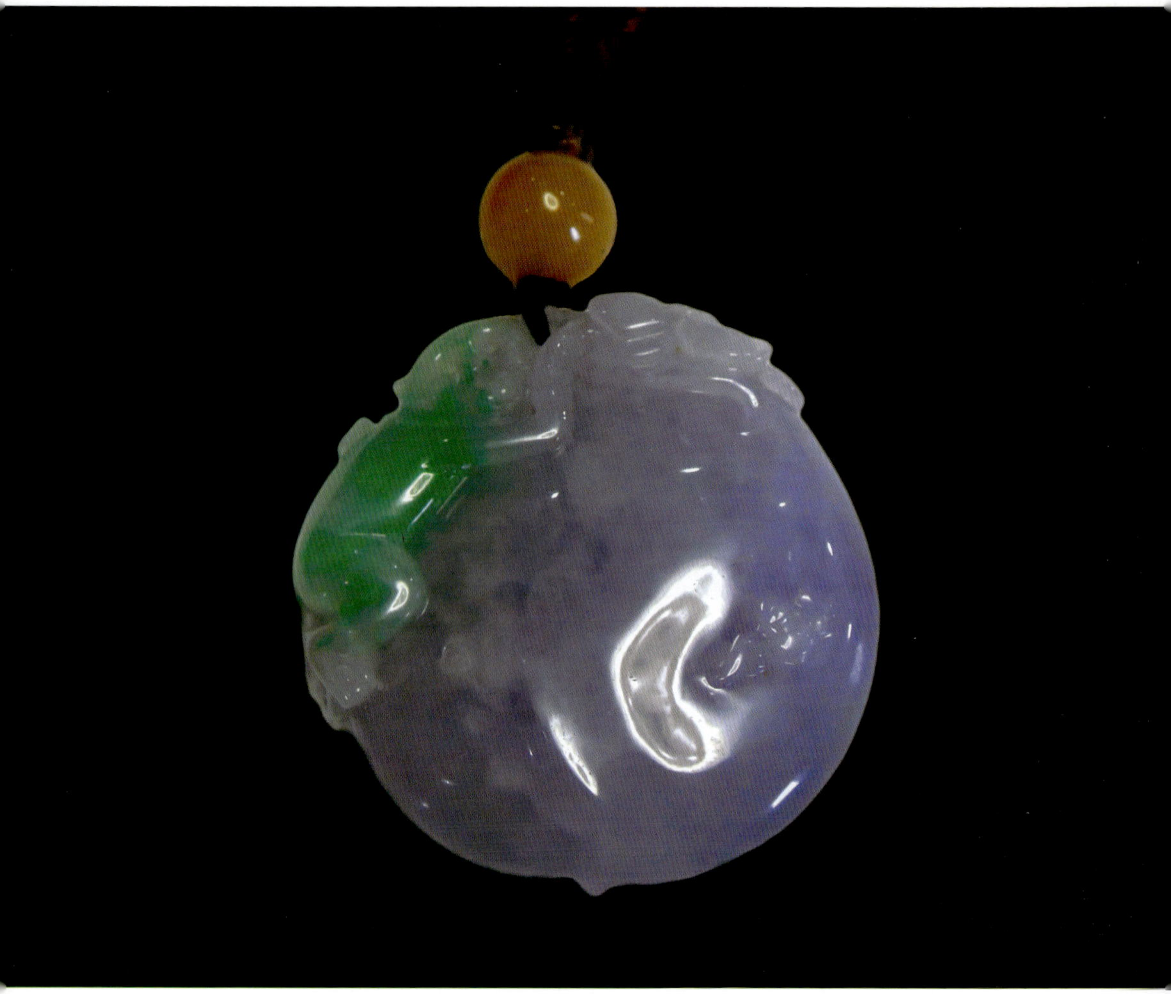

春带彩福寿绵延圆珮

翡翠财力不够也是不能勉强自己的。便请雪莱先收回去，让我想想。她问我要不要留起来。留起来我就有心理负担，放在外面让大家看好，要有人出高价，你就卖给她，不枉这紫罗兰到世间来一趟。

我之情迷紫罗兰，跟算命有关。虽然算命是说说的，但我相信天下没有人一点儿不信。那时有朋友特意到华山学辟谷，关在石屋子里七天打坐，身边只放两个苹果一瓶矿泉水，七天过去人出来红颜白肤。所以我就信她了。她学会看人体发出的光色，以此判断人的性格和命运。说我头上罩着淡淡的紫光。人各一命，虽然金光灿烂，红光温暖，紫光却是华贵夺目很神秘。

可是我和阿花都再也不可能看到它了，在我们收藏翡翠的经历中，那样种水和色泽的紫罗兰，多半只出现一次，拍卖会和书中的紫罗兰，因为遥远而与我们无缘。

与它有缘的是谁呢？一个过路女人，那女人年近中年，从上海到美国来生第二胎。孕妇跟丈夫来法拉盛转转，路过翡翠店就走了进去。说想看看在美国能不能买到价钱好的好东西。男人轻声对女人说：侬看呢？欢喜啥么事？女人竟也是一眼相中紫罗兰，上海国语绵软发嗲，说请你拿给我看看。价钱问下来，女人斜眼看看丈夫，丈夫问雪莱能不能少一点。雪莱不讲价了，表示这样成色和水种的紫罗兰，我店里也就这一块，还是好多年前收到的，以后我再去找也很难的，万幸找到了手上钱又不够了。女人不犹豫了，说这个留着吧，日后留给肚里的孩子。肚里的孩子检测过了，是个丫头。

葫芦葫芦。女人问葫芦表示什么。雪莱说，福禄。孕妇就说，要的就是福就行了，禄嘛。她看看男人，没有接下去说。

女人手上没有带那么多钱，说回去从自己账户上把钱打到雪莱账户上，钱到之后人来拿货。雪莱说你们从上海来？住在附近吗？女人笑笑说是啊这个你不要担心，钱我明天一定打给你。雪莱就把葫芦收了起来。第二天阿花赶到店里的时候，其实葫芦还是在的，但雪莱见她失魂落魄的样子，不忍拿出去给她看，就说已经给拿走了，眼不见为净。

阿花自小痴爱紫罗兰，十五岁开始收藏。不要以为翡翠只有绿的好，其他一般。不是的。紫罗兰是翡翠数色中的一色，绿，紫，红，黄，白，黑，都是翡翠的颜色，只要水头好，什么颜色都漂亮都值钱。紫罗兰中，也分多种成色，有帝王紫、红紫、蓝紫、粉紫，这是按照价格高低分出来的级别，但要从美的角度来说呢，就是你喜欢什么就是什么美了。

阿花的母亲喜欢古玩，早年从北方南下做生意，阿花跟着去了南方。她常常一个人到广东的古玩街上东张西望看热闹，就是在那个地方她陡然爱上了翡翠中的紫罗兰。那条街有很多专营翡翠的小店，十几年前东西价格都不高，阿花靠自己存下的零花钱，是买得起小件翡翠的，那时紫罗兰还没有引起注意，不像前不久缅甸公盘拍卖一块冰种紫罗兰原石，拍到好几千万。

几年的时间里，阿花花了五六千元，积攒了不少紫罗兰，包在一个小包里，走到哪里都带在身边，就像出家人手上的捻珠。随身携带翡翠的习惯，从那时开始保留至今。

有一年阿花去北京，包包被人偷了，包里面装着的紫罗兰也全部没有

黄翡小钱袋 财源滚滚

了，阿花哭了好几天，心疼得不行，她立誓从此不再买翡翠。她心里这块伤，直到到了纽约，才渐渐愈合。愈合之后的心，仍旧是一颗痴迷翡翠的心，依旧最爱紫罗兰。

紫罗兰的美，有的华丽艳绝，有的淡雅静泊，不管是满色还是飘紫色都好比风情万种的女人，神秘撩人。去年北京出现一对满色的经典紫罗兰对镯，价高两千万，是很贵，可是物以稀为贵。

阿花是八〇后女孩。像她这么年青就迷翡翠的不是很多。翡翠之于女人的尊贵，是随着岁月而慢慢展现的，它有一种强大的磁场，最禁得起时光琢磨。年轻时喜爱银子，金子，水晶石，琥珀蜜蜡绿松石，是一种冶炼，日复一日积累对美的感受。忽然，你看到了翡翠，她波光粼粼，斑斓缤纷，天然雕饰，你就无法抵御了。

那颗包浆浓郁的紫罗兰没有了，阿花有了紧迫感。雪莱那里还有一枚蓝紫的戒指，戒面饱饱的，镶白金碎钻，放了很久还没有人注意。阿花想这个要再不出手，这个机会会稍纵即逝。她再次驱车前往法拉盛，走进去要雪莱拿出蓝紫戒指，当场掏钱买下了带回家去，那天晚上阿花睡得很香。

当一群翡翠女人在店里发现那只蓝紫戒面的戒指不见了，全都猜到是阿花买去了。阿花对紫罗兰的情有独钟，是有口皆碑的。大家都为阿花高兴。

人养玉　玉养人

常常到了傍晚，“宝翠轩”就热闹了，下班的或者路过的女人们一个一个走进来，彼此打招呼问好，“有没有带什么宝贝？”“老板娘你上家寄东西过来了没有？”雪莱就冲好满壶的蜂蜜水，咖啡，请大家喝。这像一个随意的研讨会，也像一个俱乐部，女人聚在一起说翡翠。

去的女人有一个约定俗成的习惯，就是只戴从宝翠轩买的翡翠。雪莱最喜欢满店堂坐满翠痴，她们七嘴八舌地说着纽约的人事，说着翡翠的种种。

最后一个进来的是Lily。Lily神情沮丧，进门就伸出手臂给雪莱看，她的手臂上没有那只一直戴着的手镯。

安吉尔问，是不是放在家里养着啊？

Lily有时把手镯当挂坠挂在胸前养，她说那里皮肤最细，体温最高，最养翡翠。她的那只镯子被她养得不光颜色鲜艳起来，连种都开始变了，里面的棉絮越来越淡，一点一点净化，几个斑点完全消失，甚至出现了荧光，行话也说“起胶”了。有荧光和起胶的翡翠，就是种地特别优质的翡翠

玻璃种飘绿花圆条镯

了。

雪莱说 Lily 啊，我做翡翠那么多年，从来没有看过人戴翡翠变成这样的，你是不是古人来的？

Lily 伏在玻璃柜台上叹气，说话都带着哭腔，她说那只镯子摔碎了，没有了唉。这话一说，所有在场的女人都吃了一惊。我们这些爱翡翠的人，对翡翠有着超常的记忆力，谁买了什么，买的时候什么样，后来变了多少，多长时间才变成这样，甚至谁的什么翡翠出手了，卖给了什么人，买的时候多少钱，出手的时候涨了多少，都有一本账，好像拍卖行的图录，比那还要周密。Lily 这只镯子就是大家都熟悉都喜爱的。碎了？大家的心都跟着碎了。

Lily 异常小心地拿出碎了的镯子给雪莱看，动作很轻很轻，像黛玉葬花。我们也都拥过去，围着这只碎镯。

事情瞬间发生，住在 townhouse（连栋小楼）二楼的 Lily，天不亮起来上班，下楼时都不知道怎么回事儿，一脚踩空就摔倒在楼底层，啪啦一声脆响，Lily 本能地去护手腕，可是晚了。镯子碎成两半躺在地上，Lily 的心一

翠品欣赏

老坑油青挂坠

种地好的油青翡翠不仅值得收藏，佩戴着也相当好看。这枚挂坠，是油青种中的上品，水好，非常透，由于镶嵌简洁时尚，也是不可多得的好东西。成熟女性佩戴尤为佳美。

老坑油青种挂坠

撕，眼泪哗地倾下来，坐在镯子边上不知道该怎么办。坐了一会儿，她把颈子上的丝巾解下来，包起翡翠镯子一站就站起来了。她没有料到从二楼摔下去自己竟毫发未损，人好像根本没有摔下去，依旧健步如飞赶着地铁去上班。

雪莱感慨万端地抚摸着碎镯说，Lily 啊，镯子来报答你了，你养她那么久，待她那么好，这次她来养你，她摔碎了，让你好好的。Lily 听了眼泪一颗一颗往下掉，说：我情愿我骨折。

我们都不知如何安慰她，几乎每一个女人都经历过翡翠摔伤跌断磨损甚至丢失的痛苦。却只见雪莱进里屋去了。出来的时候她手上擎着一只半月形的翡翠，老远看着那形态就艳绝群芳。这件挂坠是从一只摔断的手镯做成的挂件，不到原来的一半，正因为是不到一半那弧度才最合适佩戴，优雅匀称，老镯原本有雕工，截下来做成挂饰的这一半是浓绿的荷叶如意，其他部分凝脂如玉，整个意境是荷塘夜色，古朴静远，右端接口地方最美，一碧池塘深浅杂错，像莫奈的油画“睡莲”，塘面上浮着水藻。

雪莱对 Lily 说，不要紧的，看我这个挂子就是断了的手镯重新琢磨出来的。那真是一个废墟重建的时刻，所有的人都松了一口气。

Lily 的泪眼笑了，那么就请老板娘带回去找个老玉匠帮我做两个挂坠好吗？一定帮我做成你这个样子的！

可是世上哪有同样的翡翠呢？同一块料上切下来都不同，比双胞胎还要难得接近，每件都是独一无二。

事情要是这样收尾多好。可是 Lily 的故事还没有完。再次见到 Lily 的时候，Lily 是撑着拐杖到的“宝翠轩”。这个性急的女人又从楼梯上摔下来，这次她骨折了，可是新戴的手镯完好无损。这个手镯，不知 Lily 从哪里买来的。

雪莱请站在柜台外的女人扶 Lily 一把坐下来，并请 Lily 把镯子退下来给她看看。雪莱有个习惯，别人要是戴了从其他店铺买来的东西，第一眼看着是假的，那就是非要看看，然后告诉人家这是 B 货。藏翡翠的人听

隆隆的，是雪莱的家乡话吧，冰河上凿出来的钓鱼洞口，也浅也深，冰扎扎的。不同的人对翡翠的形容都不一样，可是怎么听怎么美。雪莱说我就是养这只镯子的人，你养她三年，日后她养你十年。

女孩看了我的镯子，听了雪莱的话，说了一句让我们都有点吃惊的话，她请雪莱帮她把镯子砸碎，取下来，她不愿意戴着这个死气沉沉的东西一辈子，看着不开心。可这怎么砸啊？紧砸在女孩腕上呢。

雪莱说你不怕吗？

不怕，来，你砸吧。

雪莱用一条很小质地很密的小毛巾，用力塞在手镯和手腕里侧一边，保护她腕子不受伤，另一边塞块小铁尺让它受力，她要在铁尺上把假翡翠一记敲碎。"来，我们到外面，碎渣子万一蹦起来碰到小孩和玻璃柜，舒你帮她看着孩子。"

她俩走到外面人行道，蹲下来，地上再放一块木板，女孩的手搁在板子上。我看见雪莱的嘴动了一下，大概是准备好了没有？她以闪电般的速度一锤子下去，砸碎了镯子。女孩笑眯眯如释重负回到里面，手腕上一圈很深的印子，大概要很久才会恢复弹性。恢复了自由身的女孩笑逐颜开地说，等一些日子我要来选一个好手镯戴。

同样造假的镯子在Lily腕上出现了，这次雪莱不会什么也不说让她戴着上班下班，Lily这么个机灵人，千万不要戴个出去丢脸的翡翠。她就跟Lily说，不好意思啊Lily，你这个手镯哪里来的？Lily没有说，也许真的不好意思。在蒂凡尼珠宝总部做质量总监的桑卓拉就说了，Lily，不是我说你，你从来有的都是好东西，这次为什么呢？Lily说，上次摔碎了就不敢戴好的了，但是什么都不戴又觉得少了什么，凑合一段日子再说，没有想到戴了这个镯子一天到晚昏沉沉的，我以为上次摔过就再也不会了，怎么这么快就又滚下去了。

雪莱说那就是了，所以这次是你骨折，上次是翡翠碎了，好翡翠保佑你，她粉身碎骨你完好无损，假翡翠灌了胶当然摔不断，你自己倒骨折了。

然后雪莱仔细给 Lily 分析了这只 B 货手镯的问题出在哪里。在场的女人纷纷同意雪莱的见地，这些女人都有经过千锤百炼的眼力，花自己的钱买翡翠，没有不用心用情的。

Lily 表示不用再说了，其实我自己也有感觉了，不然我还撑着拐杖到这里来干什么？气死我了。雪莱问她想好了没有？不会到时候怪我，不过真的砸了我再给你看，从断口你能看得更清楚。雪莱拿来一条小毛巾包起镯子放在地上，用榔头使劲儿一敲，再打开毛巾，敲出来的镯子一看粉渣渣的，没有真翡翠的颗粒状结晶体。

好了，雪莱松了一口气，Lily 也松了一口气。假的不去，真的不来！

在中国七千年的玉文化中，绵绵不断的就有“人养玉玉养人”这句话。凡写到玉和翡翠都会提到，我们和玉彼此间的养育是不是真的有强大的神效呢？好像并没有记录，也没有人完整科学地论证过。但这话讲了一代

知识链接

白地青

白地青种是一种比较特别的种类，以白色为底，绿色云朵般漂浮在白地子上，呈云朵状，或成团、或成块、或成片，不与翡翠的地融为一体。她的质地细腻但不够温润，种质整体不透明，但局部地方可能微透明。特点是底色雪白，翠色明亮，干干净净的很爽目。白地青一般不做佩饰，多为摆件把件，根据绿色的分布巧雕成象形饰品。白地青多半为中等翡翠，投资价值可能不高，但因颜色清爽干净，如果雕工巧妙，也很讨人喜欢。

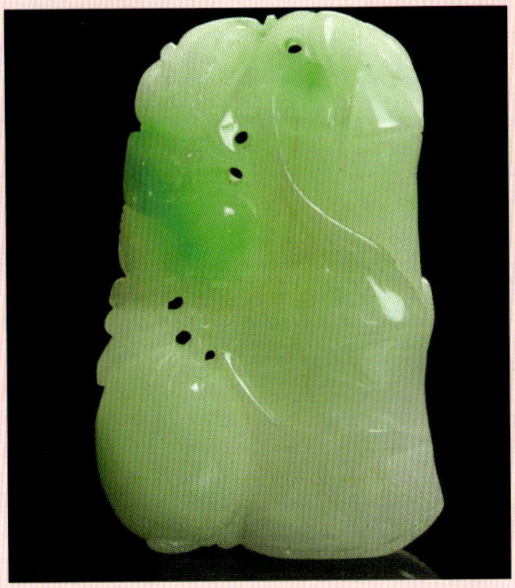

白地青福寿如意挂坠

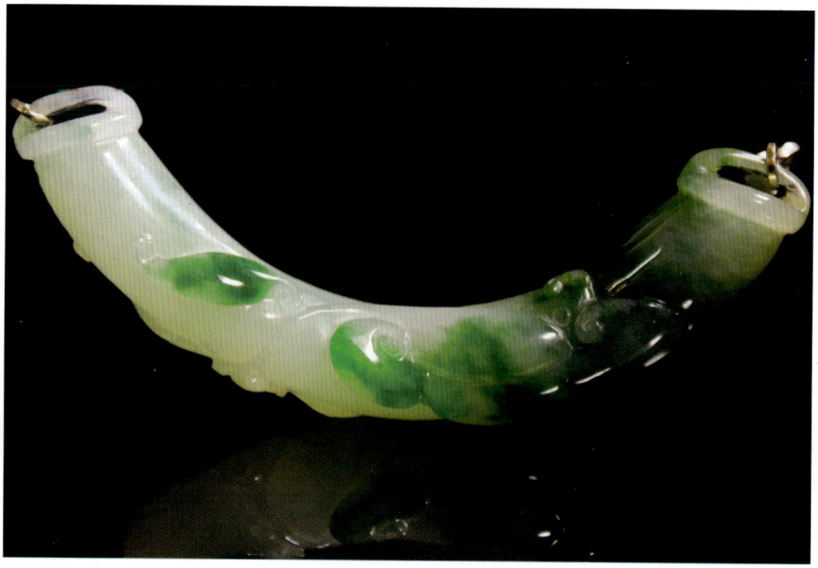

老坑水种——荷塘绿影

又一代,一定有她不可摧毁的生命力。这句话的意义,不全是说玉因为有微量元素,常年佩戴对人体有养生活络的作用。中国人对玉翠的爱,是血脉中天然的文化基因,来自先祖,来自历史,来自文学艺术,来自民间传说,来自我们的经历和经验。品质优良的玉器和翡翠,以强大的磁场吸引我们,我们如同先祖一样供奉玉翠有如供奉神。在内心深处,玉就是我们生命本质的体现,我们养玉养翠就是养自己。生命和生命之间的呼唤,生命和宝石之间的呼唤,还有比"人养玉玉养人"更神秘无解,然而更千真万确的吗?

女人宣言

凯丽决定离婚。这个决心下了好几年，好几年都妥协下来，这次再不决断可能这辈子就离不掉了。婚离不掉，凯丽还有什么意思呢？马克思说，没有爱情的婚姻是最不道德的婚姻。其实，没有理解的婚姻才是最不道德的婚姻。没有爱情，两个人可以仰赖亲情、恩情和感恩之情过下去，可是没有理解那就一无所剩了。

凯丽的丈夫是美国人，从前她姓刘，跟美国人结了婚就跟他姓。现在，兰伯特的姓氏虽然还在她护照上，但她内心已经改回到刘凯丽了。她跟着丈夫满世界跑，跑了很多年，终于落脚在北京，因为她觉得走遍世界还是北京好，非要让她在美国过一辈子她会憋死。这样，她的丈夫也就下了决心，在北京定居了。丈夫不容易，因为其实丈夫也是可能在北京这个异乡憋死的，可见丈夫对她非常妥协。遗憾的是这个国际婚姻不成功，没有孩子是一，性格不合是二，内心终究不能全面沟通，凯丽又很小资，她的小资不是去一趟星巴克吃一块法式蛋糕就得了的，也不是在情人节收到一支红玫瑰就得了的。她的小资中西合璧，深度广度缺一不可，丈夫跟她生活

玻璃种帝王绿扳指

了多年只能给她美国的小资调。藕断丝连拖了很多年，凯丽从公司给人在北京的丈夫发了个伊妹儿：我们离婚吧。说出这句话，凯丽拿了简单的行李离开了家门。

很快她决定出一趟远门，大家避开，让各自的沉渣沉淀沉淀。

凯丽买了一张到纽约的飞机票，延长驾照，看我，最重要的事情是去曼哈顿五十七街的钻石店换钻戒。五十七街是著名的钻石一条街，跟北京买卖古玩的琉璃厂差不多。沿途两边全是犹太人开的钻石店。十几年前，

翠品欣赏

玻璃种帝王绿扳指

不用形容了，读者自会明白为什么这枚扳指让人一见钟情、怦然心动。

刘凯丽的钻石婚戒就在其中一家买的，买了一对，丈夫一只，她一只。现在要分手了，她不想再戴这枚钻戒。她要换一个纯度更高的钻石，形状也要换掉，从前是圆形的现在要方形。这样一换要添不少钱，但也一定要换。女人在感情上出现大转折的时候，那种决绝之心往往是以改变发式和装饰品来宣告的。

我带她做的第一件事，就是去瑞的美发店修头发。凯丽读书的时候是短发，男孩子一样，后来改变形象做淑女，温柔娇媚留了长发，我就很不习惯，怎么看都不像她。到了纽约，她跟我说不留长发了，剪掉。瑞几剪子下去，我重又看到读书时的凯丽，那个活泼顽皮聪明的女小子。她从镜子里对我开心一笑，说我真喜欢我自己。

那家钻石店的老板娘叫伊莎，十几年过去了依旧珠光宝气，厚重的眼影鲜艳的口红粉渣渣的粉底霜，那也是遮挡不住岁月的留影。伊莎手上戴着硕大的钻石戒指，见到凯丽踏进店门丝毫没有惊讶，有久经沙场的气派。她夸张而优雅地地张开臂膀，跟凯丽抱抱，说：嗨，兰伯特小姐，这么多年，你没有变！怎么来纽约？

凯丽的英语哗啦哗啦地，语速很快：嗨！伊莎，你好！你才一点没变，还是那样漂亮！是这样的，我从北京专门来，想升级我的钻戒。伊莎推开她一点，又凑近身子，柔声问：Why（为什么）？

凯丽说：我们离婚了。

伊莎眉毛一抬：Why？告诉我。

冰豆种福瓜珮

老豆种戒指

第二天凯丽要我带她去翡翠店，要是看到喜欢的就买，不喜欢的话马上去五十七街，伊莎在等她。这个冬天极冷，寒风一阵紧似一阵，出门穿澳大利亚的UGG毛靴才撑得住。然而，凯丽穿的是高跟鞋，在紧身小袄外又加套了件大红小缎袄，耳朵上挂出一对翠耳环，绿是绿的，但种份不透，又很小。好像去参加大派对。

我问，你不是说从来没有翡翠吗，今天出门还带个耳环，哪来的？

凯丽说这是她妈妈送给她的，从来没有戴过，不晓得是不是好东西，但因是妈妈给的，好不好都总要戴一回吧。“今天去翡翠店，让人家鉴定一下。”

她笑笑，今天我改头换面。

我也笑笑，不对，你换心换肺。

之前我问她想找什么款式的翡翠，最好让雪莱准备一下。凯丽最想找到一只福豆挂件，水灵灵的豆要饱要长，最好三颗豆子连在一起，贵不怕，怕像钻石店一样没有东西。这样，凯丽在纽约的寻翠旅途，就从福豆开始。我给雪莱打了电话询问福豆，雪莱说：正好有一只。

我说雪莱你偏心，我们老是去你那里，从来没有见过什么福豆，今天一个你不认识的人来，你连家底都摊给她看。雪莱就笑，不是这样的，这颗福豆啊，你来了见到就知道了，真的很贵很贵，我都不敢跟你们开价。

这颗翡翠福豆，水头真是好到不能再好，透明透明的，穿过圆满的豆粒能看见垫在下面的手指纹，只可惜不是正阳绿，若是正阳绿福豆，那么凯丽就不要想了，好几百万呢。这福豆最吸引人的地方是她的工，福豆的扣头是同一块料上挖出来的方形小扣子，吊住福豆，福豆又长，约有五、六厘米，三粒连在一起，翠丝绵长有劲儿，阔气得逼人，光烁烁的人一走它一晃，它一晃光就那么一闪，真像个莲步摇曳的美人。

知识链接

豆种

豆种是统称，行内人将其分成细豆种和粗豆种，按照晶体颗粒的粗细区分，但很多在实战中积累了丰富辨识经验的翡翠商家和藏家，还能做更细的分类：老豆种、糯豆种、冰豆种，差别十分细微。

豆种的颜色通常好，绿而艳，因此尽管达不到冰种也同样抢手。

在价格上，常常出现这样的情况，有些豆种翡翠的价格比玻璃种还高，因为豆种虽然结晶体比较粗一些，但通常颜色好，满绿；而玻璃种多半颜色浅淡，或者无色，价值就要低一些。类别不同价值也不同，一只豆种满绿的翠镯能卖到几十万，而一般玻璃种无色的小花件只卖几千元。翠件的尺寸厚度是一个重要的考量。

冰豆种福瓜小坠

雪莱把福豆放在保险箱里，我不知道有谁见过，这东西贵重，万一跌碎拿命都换不来。听我说凯丽此来纽约，为寻一只福豆开始新的人生，她就豪爽，把几样种水好颜色浓的翡翠铺出来给她看。现在大陆人有钱了，雪莱对此深有体会，每有游客路过这里，只要进来看翡翠，都会不还价买走几件。她对自己的东西很有信心，一定打动北京女人。

凯丽是个眼光独特的人，不然在北京竞争激烈的策划界战场上怎么能屡战屡胜拿到项目？福豆她这就要下了，她说她就要这样的福豆在北京招摇呢。然后她眼光扫过玻璃柜里的翡翠，迅速而精准，老鹰抓小鸡一样。那只从未引起人注意的喇叭花挂坠，单就被她一眼看到了。细长的造型，足有两寸，从径到花颜色雪白微透明，朝下逐渐绽放，雪白的花蕊上伏一只碧绿的蝴蝶。白是雪白，绿是浓绿，价格还并不贵，雪莱向凯丽报出价格的时候，我真是懊悔莫及。这样的喇叭花和蝴蝶，是神工鬼斧的巧思，活儿做到这种水平，是翡翠的骄傲，玉匠的骄傲。可是在宝翠轩一直都没有被我们看到。

凯丽到底是京城的女人，看大不看小，看贵不看贱，跟雪莱说这只喇叭花我要，留着一边，我差点想跟她说算了凯丽，这个喇叭花让给我吧，想了好几次不能开口。凯丽得意洋洋地说：明年是我本命年呢。雪莱就用红绳子给她打了精美的绳结，挂在胸前，那只蝴蝶伏在花蕊上，仿佛在睡梦里，可是那身姿又有着展翅欲飞的灵动，巧夺天工的构思让之前无缘看见的人伤心叹息。

那天晚上，我为这只翡翠喇叭花一夜没有睡着觉。那是第一次我为翡翠失眠，一整夜梦里梦外都飞着那只蝴蝶。小蝴蝶一直静静躺在那里，她是在等从北京来的凯丽啊。

除了福豆和喇叭花，凯丽还买了一对老坑绿翠手镯，一只满绿玻冰种环戒，像男人戴的扳指，戴着很帅。凯丽喜欢简单的造型，镶工越少越好，最好没有，好像福豆和喇叭花，都是单凭自身的质地颜色和工出奇制胜先声夺人。

饱满的老种绿豆荚

凯丽像个老古董，腕上戴着一对镯子，胸前挂着福豆，指上戴着戒指，神气地问雪莱能不能出去在太阳光下看看？雪莱说：去吧，去吧。

十二月的冬天有太阳，白亮的光芒像冰淬的玻璃，铿亮铿亮，从对面喜来登饭店屋顶上照过来，凯丽大红袄子的袖口上，露出碧绿手镯，阳光穿过镯子，翡翠如一道潺潺溪水，美到难以形容。她举起那颗饱满性感的福豆迎着阳光，让人恍惚之间觉得那是北京的胡同口，照在街面上的是中国的太阳，而那女人是为要办喜事来选购翡翠饰品。我们不在二零一零年的初冬，是在民国年代。

凯丽请老板娘把她买的翡翠收好，马上驰车去曼哈顿解决钻石问题，次日过来结账。走的时候她说：我怎么到现在才找到翡翠？有些晚了是不是？雪莱好高兴，对她说：不晚，这就是你跟翡翠的缘分，非要到这个时候才开始。

凯丽跟伊莎说，钻戒不换了，我带回去。伊莎问她是不是改变离婚的主意了？凯丽说：婚肯定要离了，但是这个钻戒不戴了。

她没有跟伊莎说，钻戒换成翡翠了，这一换是想着翡翠改变她的命运，此后的日子要有生命的绿，绵绵长长像流水。翡翠是中国人最爱的宝石，充满神奇的魅力，带给人无尽的安慰和好福气。

凯丽戴着翡翠回到北京，开始冗长复杂的离婚程序，她每次伸手签字，都看到那枚水透水透的绿戒，宁静地流泻着宝光，那让她开心并且对将来充满信心，而那颗饱满水灵的福豆贴着她，心心相印。

凯丽时常想起纽约冬天的太阳，那阳光留在翠戒里，闪着绿色的光。那是她人生的转折点。

化佛

安吉尔从梦中惊醒，一身冷汗。窗帘边缝透进少许月光，夜色笼罩。她躺在床上一动不动，她要抓住梦中看到的一切，要重温梦里听到的声音。那是一个至爱但又永逝的声音。杰克离开人世后，这声音就彻底消失了，他从不托梦给她，好像从来没有到这个世上一遭。也许这是杰克为她好，不要她情思绵绵活着受罪。可是刚才分明是杰克在对她说话，奇怪的是梦中看不见杰克的身影，只有声音，只有声音没有人形的梦是什么梦？

杰克在云雾缭绕的梦里对她喃喃细语，从很远的彼岸传来。杰克说：Angle，It's me（是我），你听见我吗？I came to tell you，（我来告诉你），我已经变成一尊翡翠弥勒佛回来了。

安吉尔心跳得很快，躺了好一阵才从床上跳下来，赤脚走到窗口，拉开窗帘，月亮涌进阔大的房间，院子里参天大树伤心屹立，树叶无声摇摆。微风吹进来，拂在安吉尔身上，她全醒了，回身看着桃木柜子，深色的木质刚才还像是夜色的一部分，此刻房间里流进月光，一切都浮上来。台面上坐着一座黄翡弥勒佛，笑眯眯地看着孤单的安吉尔。杰克是不是说他变成了佛，难道杰克转世投胎到这尊佛身上了吗？

这尊佛是很大一块冰种黄翡雕成的弥勒佛坐像，那么厚的圆雕，还能从正面看到背面，质地异常坚密。这样的弥勒佛坐像此生难寻。安吉尔心爱这尊佛，杰克也喜欢。夜深人静回想杰克，安吉尔又经受到刚失去他时的锐痛。她走到弥勒佛身边，伸出手抚摸，佛笑逐颜开看着她，裸露的大肚腹圆滚滚，忍天下难忍之事。安吉尔打开光线最温和的一盏台灯，灯光里，佛的眼神异常温和，与安吉尔含泪的眼睛对视着。安吉尔问：杰克，Is that really you（真的是你）？佛不说话，只看着她。

安吉尔又说：佛，你是杰克吗？佛看着安吉尔，仍旧不说话，通身黄翡

冰黄翡弥勒佛坐像

如披金沙。安吉尔抚摸着佛,心中念念着:杰克,我知道了,你会保佑我。

安吉尔的梦让听到这个梦的人,无不动心动情,感到神界的威严和爱情的真实,还有思念的沉重和痛苦。安吉尔描述了整个梦,最后说,听到他这样对我说,我就不再那么牵挂了,苦死了。说完安吉尔还笑了一笑,仿佛是如释重负。然而每一个在座的女人都沉默无语,凡是与翡翠有关的命运流转,都比寻常的故事更触动我们的内心世界。

这佛,原先是雪莱的珍藏,放在店堂里当镇店之宝,讨个喜气洋洋。安吉尔对佛一见钟情,非要不可。在店里跟雪莱磨了很久,说你要不让给我,我就不回家。雪莱说安吉尔啊,不要说钱,再多钱我也不让。安吉尔从包里拿出一本支票本,撕下一张,说:你说吧,多少钱才让?我把你名字写好,价钱你填!

雪莱见安吉尔如此不讲道理只哈哈地笑,说不行不行,不行不行,这佛我不让,不让的。

安吉尔说:今天你让也要让,不让也要让。说着把支票拍在玻璃台面上。雪莱拿起支票撕成两半,说看,有什么用?

可是弥勒佛已经在安吉尔的手上,安吉尔求雪莱一定要给她,她一眼看到就知道这佛是为自己来到纽约的,她日后的幸福跟这佛有关。

“雪莱,成全我吧!”

安吉尔的虔诚和坚决,终于让雪莱犹豫了。犹豫在雪莱的眼中忽倏一闪,让安吉尔抓住了,她知道再坚持一会儿就一定能得到这尊佛了。

不一会儿安吉尔心满意足地抱着佛回家去了,临走又撕了一张支票给雪莱,要她自己填。究竟多少钱是雪莱和安吉尔之间的秘密。翡翠是无价的,全看你有多爱,爱有多深,有多爱有多深你就愿意花多少钱。

雪莱说,佛是她的,是她的我就不能太难为她了。

安吉尔回到家,打电话给雪莱道谢,说老公杰克特别喜欢这佛,他还问安吉尔,你看我像不像这佛?

杰克走了以后有一长段时间,安吉尔不敢一个人住在这栋大房子里,

翠品欣赏

红翡巧雕和合二仙挂件

在中国传统文化中，这叫和合二仙，意在祝福家庭和婚姻如意幸福。

最美的鸡冠红红翡雕作底部的彤云，吉庆喜悦。孩子的发髻和荷花苞上也有红翡，而孩子的脸和手里捧着的圆盒呈淡黄翡色。雕件不大但沉着结实，有两公分厚，整块翡翠褒奖浓厚。在中国民间的年画和瓷器以及木雕中，常见和合二仙图，但在翡翠挂件中却不多见。

翡色巧雕婴戏挂坠

寂寞和哀伤像一件脱不下来的紧身皮衣包着她。她在汽车中睡了整整一个星期，只在白天她会进去坐坐，想想，可也没有勇气看弥勒佛，于是安吉尔把弥勒佛带回到雪莱那里，请她暂时保存。

初到美国安吉尔吃尽辛苦，她娇小的身量装载过沉重的生活压力，举步维艰，这个从四川来的漂亮妹子，初一看，有着川人的泼辣豪迈，再深一步往来，就觉得还有江南女孩的柔情。她在翡翠店说梦那天，我恰好在。

那时候我对安吉尔的身世所知甚少，但这个梦狠狠刺痛了我。于是我问安吉尔，我要写一部关于女人和翡翠的书，能写你和杰克和那尊弥勒佛吗？安吉尔爽快地说：没问题，给你讲，哪天我请你喝咖啡，仔细讲给你听。

安吉尔约我出去喝咖啡，来讲她的故事。我们找了一家人少的咖啡吧，坐在靠窗的小圆桌上，店里坐着几个打工仔，不做声地喝奶茶吃蛋糕。厅堂弥漫着牛奶和咖啡的香味。那种场合应当更合适闲说法拉盛逸事，而绝非安吉尔凄绝的爱情。

杰克是做影视灯光器具生意的，客户遍及东西海岸。公司总部在曼哈顿，员工几百。不过这些我都没有太记得住，美国这样的人很多。唯有这样一件事让我对杰克肃然起敬。“九一一”一周年纪念活动前夕，全市广泛征求创意，追思活动将在废墟近旁举行，希望能有不复存在的世贸大厦屹然耸立的身影。时间那么短，哪怕简单复原一个模型也是大工程，最重要的是这个象征性的大厦要能寄托全美国、特别是纽约市民、更特别是“九一一”遗属的哀思，这哀思是沉痛的，也永不胆怯永不消极。哀思是无形的，每一个人的哀思都不一样，要打动每一个人。所以遴选了很久争论了很久，都不能达成一致。周年前，几乎所有人都在猜测，那天夜里，纽约将会看到什么？

那天夜里，大厦倒塌的废墟上，耸立起两道极光般直冲云天的光柱，高度等同于曾经的世贸大厦。那明亮然而虚空的灯光，是不复存在的雄伟大楼的影子，看得见摸不到。很多失去亲人的家人看到灯光情不自禁地哭了。那灯光，就是杰克公司的创意和作品。

有这种创意，不仅是脑子，也是感情。没有如此与受难者家属感同身受的感情，没有与纽约同甘共苦的感情，点不亮这样高耸入云的虚拟灯光。

杰克对安吉尔一见钟情。

安吉尔那天陪着一个拍纪录片的女孩子曼哈顿大街上走，她俩提着很重的器械穿着高跟鞋走在曼哈顿大街上，十分扎眼，杰克一眼看中安吉尔。后来他们开始约会，相爱，在一起生活。当时的安吉尔正在办理离婚，带着一个孩子，杰克把母子俩都接到家里，对孩子视如己出，对安吉尔更是体贴入微。安吉尔总是对一件事念念不忘，总夸杰克幽默，天大的事情到他就变成小事。

有那么一次安吉尔把杰克买给她的新车撞坏了，十分抱歉胆怯地对他说对不起杰克，我做错了一件事。杰克说走，去看看！看到那辆车头撞烂的新车，抱着她肩膀说：good girl, you did a good job（好丫头，干得漂亮）！

杰克身上有着好男人的品质，他教会安吉尔幽默地对待生活，教会她宽容和慈爱，也教会她优雅性感地去爱。杰克知道安吉尔痴爱翡翠，总是

玉糯种瓜瓞绵绵珮

给她很多钱让她去买，杰克过一段日子就给她零花钱，安吉尔总说不要了，够的。安吉尔每次都把拿到的钱放进信封收起来，放在抽屉里，日积月累她自己也不知道存了多少。

后来安吉尔买了一对翡翠观音挂件，她一只，杰克一只，说这是他俩爱情的信物。令人惊怵的事发生了，杰克到医院检查身体，转身的时候不知扭到了哪里，绳结断了，他那只观音掉在地上碎了。这让安吉尔有了一种很不好的预感。

在一个普通的早晨，照常煮好新鲜咖啡，烤好全麦面包片，安吉尔和杰克吃一个普通的早餐。没有想到那就是她和杰克的最后一顿早餐。杰克突然倒下，心肌梗塞，平静地离开了安吉尔。安吉尔很想知道，在杰克倒下的那一刻，他的眼睛看到的是什么，是不是自己的面容？

很多人参加杰克的追悼会，有一个人专程从加州赶到纽约送杰克，因为杰克把他从绝境中帮出来，在他创业的过程中，杰克借给他钱，无偿让他使用所有的灯光器具，那让这个年青人没有后顾之忧，在杰克的帮助下，他的灯光道具生意在西海岸创立了响亮的品牌。他找到站在一边的安吉尔，跟她说：杰克是我这一生中碰到的最好的人。

犹太人重家庭关系，每在重要场合都一定聚在一起，表明他们不可分割。在熙熙攘攘的吊唁亲友和来宾中，安吉尔感到自己是局外人，虽然他们都是来吊唁她最爱的人，可她找不到自己的位置，她还没有来得及认识杰克的亲人朋友，就失去了杰克。

犹太人和中国人的传统一样，人走后也讲尽早入土为安。在安吉尔的生活中，失去至爱是第一次，又是在异乡，她措手不及四顾茫然，不知在最后时刻还能为杰克做些什么。

“我就把我那只翡翠观音悄悄捏在杰克的手里，让他带走了。”

安吉尔以这句话结束了她简洁的讲述，这时我不太看得出她情绪上的大起大落。反而是我非常感慨，在中国乃至美国都从来没有听说过哪个女人，在心爱的恋人手里放一块翡翠，陪他去天国。

我担心这五年生活给安吉尔留下太深的印记，将来很难再和别人生活。安吉尔说是的，再也没有人能替代杰克，也没有人比得上杰克，他的幽默和胸怀我都还没有见到过，改变了我对人生的很多看法，五年很短，根本不够，但总比没有过要好，我有这五年，很满足。

我问安吉尔身边有没有杰克的照片，也许在那个时刻提出这个要求是残酷的，但是我知道安吉尔已经有了承受一切的力量。安吉尔随身带着的只有一张杰克在电视台做事时的身份证照。杰克长得帅，真的有些像那尊弥勒佛，翘翘的鼻子，宽宽的额头。

安吉尔问：像不像？

我没有说话。安吉尔刚才说的那些事，已经让我难以置信，而杰克像弥勒佛这件事，让我从心底里感到神圣。

咖啡冷了，安吉尔和杰克的故事在我心底暖起来，我们对人世一定要有信。信真，信善，信美，还要信冥冥之中。

救生

华果把翡翠摊在床上，挑出来最好的几件，小心裹好装在肩包里。这些伴随了她许多年的翡翠，从手镯到挂饰到戒指，马上要跟她登机回国了。华果的妹妹生病，花费越来越大，妹妹靠一己之力已经支撑不住化疗费用。母亲就向在美国的华桦和华果开口求援了，要姊妹俩竭尽全力分担妹妹的花销。华桦家境比华果好，但既然是分担，就真的是分担，二一添作五，一人一半。每次重庆来电话报出所需费用，华桦都跟华果一人一半汇回重庆。华桦问华果，要不要让她多摊一些？华果不愿意，她们姊妹都是赤手空拳来到美国的，后来钱多钱少除了奋斗拼命，也有天命，华果就不要违背天命，再说她也还是能够分担妹妹的费用的，总之要拼到拼不下去才能说我不行的。

时间久了，开始感到吃力，医药费的昂贵，全世界皆然，中国尤甚。除了医药费，还有红包费。这次，小妹到了更危险的时候，母亲在电话中泣不成声，要华果姊妹俩一定筹到钱。这样，华果终于要将珍藏多年的翡翠出手变现了。她没有告诉华桦，更没有告诉母亲，这是她的心痛，她自己担

红翡五福临门挂饰

着。

这些翡翠，是华果这十几年的积攒，不光是钱，还是生命的一部分。只要雪莱回国进货去，到了归期华果都会早早站在紧锁的大门口等，她们一到家她就跟着进去，第一眼看新到的翡翠。华果这样的作为，在一般人是吃不消的，但雪莱喜欢她这样的急不可待。你没有听说过，男孩单恋女孩的时候，会冒着风雨在她窗下站一个晚上，只为看到她一闪而过的身影吗？夜里睡觉，华果轮流把翡翠放在枕头下面，陪着她异乡的长梦。

华果买翡翠很早，国内刚开始把翡翠送上拍卖会的时候，她就走在潮流前面了。她有个翠戒，圆圆饱饱，绿水泱泱，三年前华果回国探亲，返程路过北京机场回纽约，机场有个中年男人老是跟着走，让华果很烦，就转身走到他面前，问，你跟着我干嘛？男人抱歉地说，不好意思，我看你的戒

翠品欣赏

红翡五福临门挂坠

红翡色生在原石的表面，也叫“红皮”或者“红雾”，迷人的名字。种好色好的红翡比绿翠更是难寻，顶级红翡呈色鲜艳，明亮透光，称作“鸡冠红”，就像这个红翡五福临门三角挂饰，色艳而透亮，肥而不腻，有顶级翡翠起胶的效果，生出温润的玉质感。如此细腻的红翡，难能可贵。一般的红翡发棕红或暗红，看上去老气陈旧。

更难得的是这里的红翡是与糯米般浓稠的黄翡色错综交织，色彩浓郁艳绝，有着火辣辣的喜庆。如此五福临门的红翡，冠绝翡色贵气逼人。

指实在漂亮！

说到了翡翠，华果的警觉心解除了。

男人问她，能不能出让？华果看看他笑笑：你知道这样好的翡翠戒指要多少钱吗？男人胸有成竹地说：你开价。

华果告诉他，这样的蛋面戒指店里都是三十万以上，你知道吧？

男人毫不犹豫说，行，三十万，那么你能出让吗？

华果又笑了，说我们这是在机场，你说出钱三十万，怎么给付？

男人毫无犹豫地说：你跟我到附近银行，我马上划账，款到，你给我戒指。

这枚戒指华果也带在手指上，随她登机回国。她先回到重庆的家，把一笔钱交给母亲，请她不要愁，小妹看病的钱，她和大姐不会袖手旁观。

除了翠戒，还有一只玻璃种环戒，本来这环戒是一对，另一只就是被凯丽带回北京的那只。华果这只水头更清，只是绿处少一些，雪莱形容这种水头的翠儿十分传神：水叮叮的。

华果的翡翠里，有一只又大又圆又饱满的淡绿桃坠儿，上面趴着顽皮的欲睡不睡的小猴儿；一只布满绿丝的冰手镯，手镯华果已经寄放在雪莱的店里有段时间了，有人要出二十八万买，雪莱和华果都不考虑，说你回去看看翡翠行情，下次来我们再谈。由于华果买翡翠历来是买高不买低，买贵不买贱，买特殊不买平凡，到了危难之际，才有可能出手变现。顶级的东西永远顶级，永远有人求。

出门之前，华果在翡翠观音前站站，摸一摸观音脚底的裙裾，默默念叨几句，祈祷观音帮她。

为什么华果要回国去卖翡翠呢？纽约毕竟客源少啊，又是着急筹钱等不及，华果在南京有个老同学，电话里言辞凿凿要她到南京一趟，他帮她卖。同学拍胸脯担保说：小华啊，你这就找对人了嘛，你来，到南京来，我替你找北京的嘉德或者保利，他们老总跟我是哥们儿，这样，你到了重庆就给我个电话，约个时间过来，我在南京等你。

这个老总，是全面开花四方出击的生意人，房地产进出口贸易文化产业，样样都做，桩桩来钱，还收藏，是个藏家，跟一些有名的拍卖公司关系很铁。华果本想拍些好照片先发过去，要是同学觉得够档次能送拍，她就人去南京，要是觉得不行她也不想花这个钱，现在机票也是贵。同学说，还是人过来好嘛，二十年没有见啦，到时我肯定陪你到北京去一趟，放心噢，南京有我。

华果到南京的时候我正好在南京探亲。第二天我在小区大门口等到了华果，出租车里看到她清秀的脸庞熟悉的笑容，我就十分愉快，他乡遇故知的愉快，可是究竟哪里是故乡哪里是他乡？我们这一对因翠而结交成友的女人，在南京城拥抱一下格外亲切。

华果的翡翠我基本都看过，

湖水绿春桃挂饰

那枚老坑玻璃种环戒，我看看都舍不得，这样的东西以后再找，你找找看！华果说，我也舍不得，可是我没有办法，只有卖掉，到底还是小妹要紧。为小妹，她把最心爱的红翡巧雕“五福临门”也带来了。这三角形的红翡挂坠，五只蝙蝠是黄翡色，大小如意云头是红翡色，翡红艳丽肥厚，如同沿着大红蜡烛流到底部的烛泪，刚刚融化尚未冷却，介于冰火之间。如果曹雪芹见了，也许会让贾宝玉多一件珍爱，不光是金玉良缘，也是红烛高照。

这么稀罕的红翡，华果也能割爱。但是我希望没有人买，卖不掉，让华果一生收藏好。

可是整个事情却与那个同学的应承完全不同了。他倒是去机场接了华果，也把她安顿在酒店，晚上吃饭是丰盛，但是那个同学老总席间一直在接手机，一个接着一个，都晚上十点了还有那么多电话，开始他还说对不起啊，接个电话；抱歉你先吃，多吃！后来就只管接电话，全是生意，工地怎样，产品怎样，款项怎样，谁谁谁怎么这么不靠谱？华果坐在那里不开心，总共只有两个人，一个人讲电话，另一个人干什么呢？凑个空华果插进去问他，你能不能关机十分钟呢？我连两分钟的话都没有跟你讲到，我是来有急事的，这个你知道。

老总这才说，你把东西拿出来看看吧，就把华果虔敬带在身边的翡翠，倒在饭桌不那么白净的桌布上。华果急叫一声：等等。然后拿了一条没有用过的雪白的餐巾布展开，把翡翠一件一件仔细放好在她的丝帕上。老总一见，有些不好意思，说：不好意思噢。

在看华果的东西之前，老总先就看了华果这个女同学，二十年前的华果，是学校的美人，老总单恋她。华果出国了，一走二十年，哪有保鲜保那么多年的？但青春年代的幻影总是忘不掉。

人有回顾美丽的本能和冲动，可是很多美丽还是不要去回顾，也回顾不了。现在老总自己顶着寥寥无几的头发，却要寻觅二十几年前年轻美丽秀发披肩的华果，大概在想：美人何处寻芳踪吧。

华果的翡翠在丝绸绢帕上泠泠烁烁，令人心疼。老总拿起来看了一

一:苹果绿翠戒

二:玻璃种帝王绿翠戒

三:高冰种蛋面戒

翠品欣赏

镶碎钻蛋面戒指三枚

单独看，每一只戒指颜色和水头都极好，放在一起她们之间的区别就看得分明了。第一只是冰种苹果绿，鲜妍明亮，起荧光；第二只为玻璃种帝王绿，发色庄重，光辉出自体内，含而不露，华美万端；第三只冰波种蛋面，是黄杨绿的色，温和谦逊仪态万方。

蛋面戒指的镶嵌非常讲究，一和二用的是梯形钻，梯形钻对钻石质地要求高，镶在翡翠上成片生辉。下面那只的碎钻镶嵌华丽绵密，端庄富贵。

每只戒面清越干净，得见晶体结构和色根。翡翠是色从根出，色随根长，十分玄妙，只有珍爱翡翠并常端详翡翠的人，才会发现色根奇异的变化。虽然有物质守恒定律，可是一只完成了的翡翠戒指或者手镯，里面的绿丝能够绵延生长，阔散氤氲，甚至改变种地，都是无法解释的。翡翠的神秘和魅力全在其中。

眼，对华果说：我看这些就没有必要去北京了。华果着急，驳他太武断，我千里迢迢从纽约到了重庆又到了南京，求你帮忙，至少你给我引荐到北京的拍卖公司吧，让我去试试。老总答应打几个电话，但自己现在真的忙，有个工程卡在关口上。“这样，你明天自己在南京转转，也可以在南京看看翡翠珠宝店，还有夫子庙，我有朋友在那里开店，你去看看，我一有时间就给你电话请你吃饭。”华果很不开心，她不是到南京来吃饭的。而且，华果也卡在关口上，是性命交关的关口。

就这样华果到了我家，我看她满脸忧虑，给她煮了一小杯咖啡。

她坐在沙发上盘起双腿，一句话不说，想起这个同学就很不高兴。

我们到了金鹰商厦一楼的玉器翡翠珠宝店看，好东西很多，但都是天价，见绿的翡翠不论尺寸只要种份好一些，都是十好几万，再有绿色，就几十万寻常。华果那些翡翠，却都比大多数柜台里的东西好，可是华果也不能把自己的翡翠寄托给这些翡翠店，要是真的给了典当行，那么半价都收不回来。出手自己的藏品，一定要在你不需要钱人家需要东西的时候出手，当你急需钱了人家就装作也不是非要你的东西，你就肯定卖不出钱。

华果很感慨，在美国我们都听说中国翡翠怎么贵怎么贵，其实是买的时候才贵，卖的时候就不贵了。翡翠是给你赏给你爱的，不是给你赚钱发财的。

夫子庙也去了，老总介绍的那家“虽远斋”主要卖南洋金珠，还有些碧玺，看来那同学好像是给朋友介绍生意的，希望华果买他的东西。华果和我坐了一阵，去了南湖莲藕甜品店，吃赤豆元宵。

席间，华果满腹心思不停打手机给一个山西的女人，这个女人是煤老板的老婆，华果上次回国探亲时，碰巧跟她一桌吃过饭，她见华果手上那只波光闪闪的满绿戒面，像只猫眼绿，马上就要买，一定要华果开个价，说只要你开价我马上打钱到你账上，你查实了给我戒指，不行吗？华果当时不愿出手。富婆就说了，下次你再回来给我带几样差不多的东西，到了给我电话，我到四川去拿，一手交钱一手交货。

这只戒指就是后来华果在首都机场被男人跟着要买的那一只。

这趟华果到了四川马上给她电话，那女人接了电话说唉呀，我人在香港有事，一时回不来，要华果过几天给她电话，估计华果到南京那几天她就回到山西了，到时候再约她。华果隔天就给她一个电话，问她什么时候能到重庆，对方先是说快了，两三天就回去了，后来就关机了。华果万万没有想到，这两个说好的同学和熟人，怎么办事这样？我是冷眼看着这一切，不知怎样才能把这种人说破给她听，她是一心为了变卖翡翠给小妹看病，那一颗心远要比所有的翡翠加起来贵重，所以不能伤了她的心。

人不管多有钱，空口说出钱出力都方便，可都是空头支票，华果是做人踏实，也是没有办法了所以什么办法都想试一试，为富不仁的人她也权当会有一颗仁慈的心。

最后，华果再试一下那个同学，去一趟北京行不行啊。老同学抱歉地说实在实在走不开，工程卡壳了，正在通关呢，一点也不能马虎，你不知道中国办事，关系就是工程，真的难啊，这样，你自己去，但我看去了也是白去。

华果不是那么容易就趴下的，美国多年的历练，能上刀山下火海。所以她反过来安慰我，不要我为她着急，只要手头的翡翠经得起检验，一定能出手。

送华果离开的时候我开玩笑跟她说，华果啊，如果我们有了难处，要找男的朋友或者男的同学，千万不要轻信，也不要信有钱人，钱不是身外之物，钱是命根子。华果踏进出租车的时候回头对我洒脱笑笑，说我知道了，我早就应当知道，还要试试是因为我没有办法，我需要钱用，谢谢你啊舒，幸好你在南京。

华果走后，我在家里坐了好久，拿起电话给几个朋友电话，做房地产的朋友说，从来没有听过华果那位同学的名字，给字画鉴定和拍卖行的朋友电话，没有听说过这个人，这个人在南京是个什么人？但念他至少没有把华果的翡翠骗走自己去卖钱，还算过得去了。他那也是人本性的弱点吧，我们的弱点越来越无法战胜。

可我愧对华果，因为中国那么大，华果万里迢迢回来碰壁，就是在我们南京碰的。

后来，华果回到纽约，把几样翡翠寄放在雪莱的宝翠轩，卖掉了高冰种环戒，还有那只冰地手镯，凑了一笔钱给小妹寄去。

环戒的新主人是一对路过纽约的大陆游客，他们夫妻对她一见生情，生了情就决定买，而且夫妻两人都能戴，男人戴在小拇指上正好，女人戴在无名指上正好。一只戒指夫妻两个都能戴的，真是少而又少，是夫妻戒，不分离。

翡翠女人，你要当心

瑞是美发师，人生得俊俏，他生在新加坡长在日本，在日本学的发艺，到纽约自己开店。瑞无论剪发还是染发还是烫发，做出来的发型都让女人应声变美，所以他收费不菲。女人花钱不怕贵的，除了衣服拎包和化妆品，就是美发和美容。

房地产有一句至理名言："Location, location and location"，就是说地段第一，可是瑞不理会这些，他的店面在二楼，跟保险公司、小美容店分租，过路行人根本看不到，只一楼狭窄的门边上写着英文店名 Ray's Hair Salon。英文字竖写，胆大新潮。要他理发事先电话预约，不预约轮不到你，人就是进了店里洗发小妹也会请你先回去。甚至有女人从中南部和加拿大乘飞机来纽约请他做头的，平均半年一次。这样一算，做个头就不是四五倍价钱的问题了，而是几十倍。

人有一技之长走遍天下。瑞喜欢做头发，他剪头姿态很漂亮，十分写意，挥洒自如，三下两下就出型。看到客人进来的时候一个样，出去的时候另一个样，他就有说不出的高兴。他还特别喜欢跟客人唠嗑聊天，吹风机

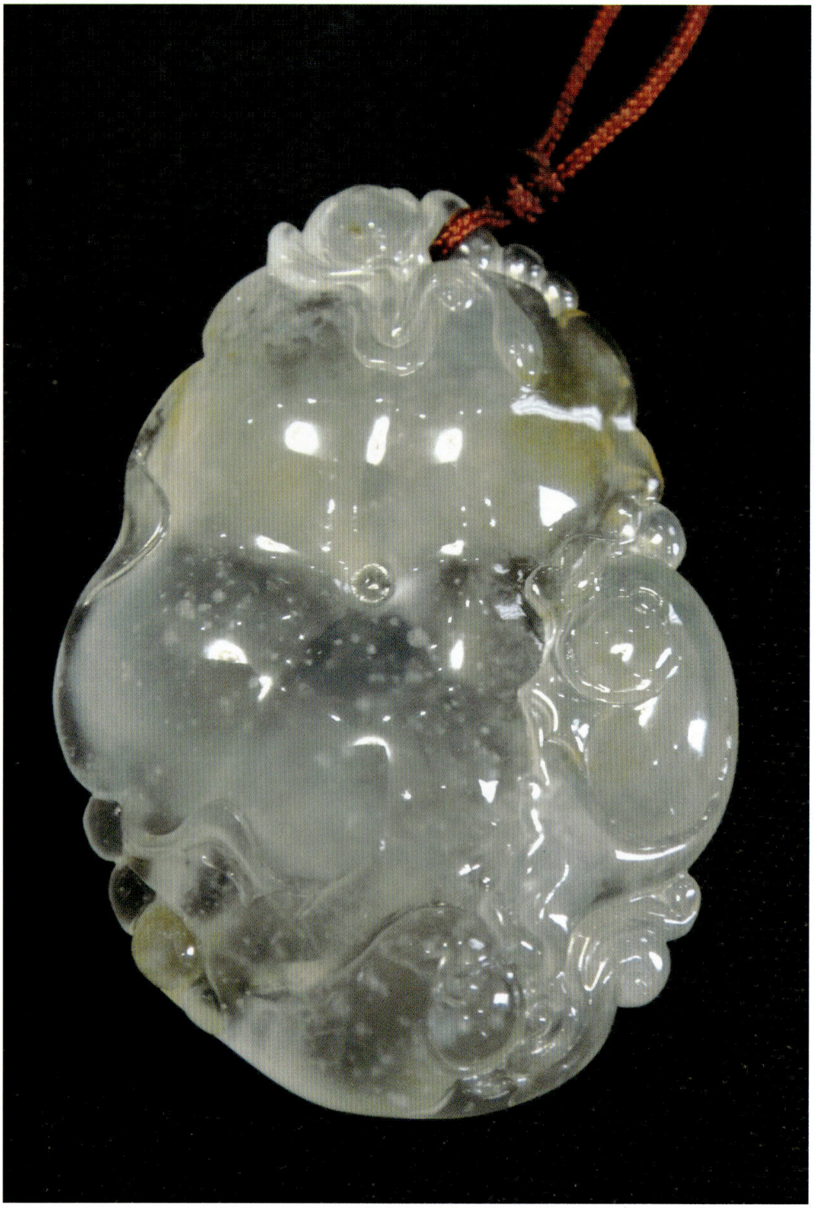

高冰种洒黄翡连年有余挂饰

轰轰地响，他高声聊，兴致勃勃。所以那家店生意好也不光是因为手艺，还因为友好热忱。

好一阵子瑞没有接到傅大姐预约的电话，问洗发小妹怎么回事儿，小妹也说不上来，的确很久了。瑞不留客人的电话号码，她们隔段时间都会自己预约，他绝不会打电话提醒你到时间了，该来做头发了，他的生意做都做不过来。在瑞的客人中，很多女人都喜欢戴翡翠，这让瑞不很理解，为什么个个女人手腕上都戴手镯呢？但他觉得很美，瑞是崇拜美的，只要是美，他永远只有一个赞法：好美！

冰黄翡螭龙长命锁

《红楼梦》中贾宝玉佩戴的通灵宝玉长命锁，是中国文学作品中最著名的饰物，那是寄名锁，正面刻“莫失莫忘”，背面刻“仙寿恒昌”。

长命锁自明清始至今日，都是老百姓喜闻乐寻让孩子戴着的，驱邪避灾平安长寿。长命锁多以金银玉石琢制，翡翠也有但不多。因为翡翠比重大，长命锁尺寸也不可太小，孩子戴着颈上未免重了。

这个长命锁没有刻字，在荷叶上有两只小螭龙，口衔如意，顶上一只飞扑的蝙蝠，好意思全在里面。她种地好，水分足，尤其特别的黄翡的颜色，不是常见的翡色，而接近芥末黄，殊为难得。尽管这枚锁不厚，戴着不重，可是若让小孩佩戴，极易撞碎，还要万分小心才能保全。

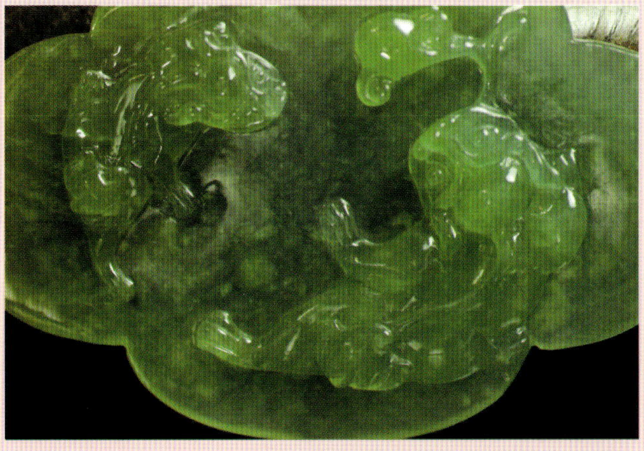

冰黄翡螭龙长命锁局部

冰黄翡螭龙长命锁

傅大姐也喜欢翡翠，有一段日子到他那里做头发，说的全是关于翡翠。就是这些女客人们的癖好，让瑞对翡翠渐渐有了感知。人一有癖好，马上会有人嗅到，于是朋友劝瑞也买个翠戒戴一戴。瑞说我一个男人，怎么买翠？人家告诉他，现在中国很多男人流行戴墨翠，墨翠不显山不露水，戴着霸气又富贵。瑞在这方面小心谨慎，说看看再说。

到底有一天，傅大姐来预约了。她跟洗发小妹说，这次需要做的是全套，洗，剪，烫，染，焗油，给她留的时间要长。

等到傅大姐走进门，瑞和洗发小妹都吃了一惊，傅大姐脸色好难看，眼圈是黑的，头发不是乱，干，而且脱发了。她见到瑞就说瑞啊，我这一年过得不像人了吧，你看我的头发，一把一把地掉啰，夜里睡不着，白天吃不下。瑞猜，是不是傅大姐买翡翠出了问题。法拉盛这个地方，所有发生的恶性事情都像发生在一个小庄子里，报纸报道电台播讲，最翔实的还是口口相传，媒体到底还有所顾忌，人嘴说的就厉害了，而且跟媒体说的都有不小的差别，说的不是表面而是因果。

傅大姐开始买翡翠到现在，一路的经历瑞都晓得。她坐下来就开始跟瑞聊翠，一直聊到焕然一新美美地离开美发店。

傅大姐买翡翠的路子与一般人不同，她说这里的翡翠店都卖假的多，她就从不到翡翠珠宝的店铺去，而是经熟友介绍去见一个老翡翠藏家。藏家是个客气人，说自己是秀才不出门，便知天下事的。见了傅大姐说，大家都喜欢翡翠和玉，我们一道切磋切磋，交个朋友，有空过来坐坐，不买东西也欢迎你。然后沏茶聊天，在纽约很快交到这么一个有学问又友好的人做朋友，傅大姐相当高兴。在美国，做富豪的太太是不容易的，创业的时候你跟他一道打拼，吃尽辛苦委屈穷困，等发财了有钱了，女人就不去拼了，没有必要，而且家里也走不开，老公成天在外忙，自己呢，除了时而找麻将搭子打麻将，早喝早茶晚吃火锅，也没有多少好玩的事情。

藏家是男人，听那国语不是台湾就是香港，但也难讲，越来越多的人都爱用吴侬软语来讲国语，铿锵有力的国语在纽约一些圈子里不吃香。藏

冰地春水绿荷叶挂坠

家手上积有很多翡翠，但从没有开过店做明生意，只在家里出手一些玉雕翡翠，对人说上了岁数，要这么多东西没有用了，不过都是身外之物，生不带来死不带走，谁喜欢就谁拿去，看着给钱，算交朋友。

傅大姐听他这样说，马上对他有了好感，有了信任。人家不是卖东西给你，人家是做朋友的，还是你的老师，教你如何识别真假翡翠。她相信在这里有机会收藏到好翡翠。

傅大姐起先买了不少小件挂坠和手镯，翠友们见到了都说不错不错。那位老师兼藏家很有成就感，给她介绍好的翡翠来源，劝她多投资，说，现在大陆买卖翡翠都疯掉了，价格比纽约不知要贵多少倍，你在美国以好价钱买到好东西，转手到大陆一卖就翻几倍。

人往高处走，翠朝贵处买。逐渐傅大姐开始买大一些的翡翠了，从把件到摆件，看上的都买，老公对傅大姐多少抱歉，陪她的时间不多，喜欢翡翠那就买吧，钱放在翡翠上不会打水漂。

尺寸大的翡翠价格自然也高了，傅大姐觉得这很正常，东西大钱自然要多，老藏家说中国内地，玻璃种的翡翠还论克卖呢。说是这样说，老人对她很客气，从不诱导她买，傅大姐全是自愿。

后来，老藏家拿出一尊观音立像，又大又沉，他给傅大姐指出这尊观音的种种难得，特别是三彩，有绿有紫有白。这么大的观音，就不是几千上万的了，知道现在翡翠多贵吗？你这是到我家来看，我不跟外面人做生意，所以你先看到是你跟她有缘。傅大姐听了舒服，跟观音有缘，哪个不求？

傅大姐很动心，老公做生意，要财源滚滚生意兴隆就一定要虔诚拜佛。自从喜欢上翡翠，她就不再想家里摆泥塑的财神爷，她要供翡翠观音。那么这尊观音要多少钱呢？老藏家说给你的价格我不要太高，大家处朋友处得不错，但是低于十六万美金我们就不谈了，从前进货就不比这个钱少到哪里，我不赚你钱。还说在眼下的翡翠市场来讲，十六万也就是一百万人民币吧，现在一百万算什么呢？买房子都要好几百万，要是在大陆中国，这样分量这样颜色和雕工的翠观音，起码两百万以上，三百万说给我听我

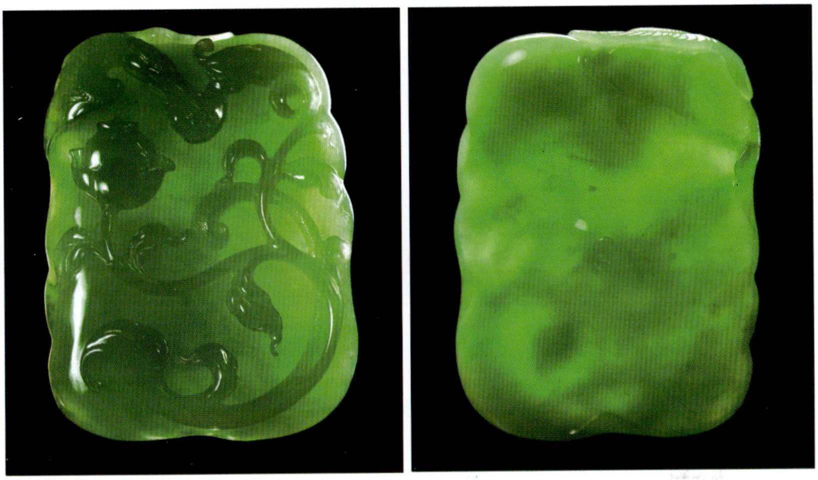

冰种正阳绿花开富贵方牌

也不觉得稀奇，“你是只能在我这里买得到，傅太太。要不是我老了不想留身外之物，哪里舍得卖？”

瑞听到这里着急，是噢，大姐噢，你买了？手上的梳子和剪子停下来，从镜子里看着傅大姐。

傅大姐叹了一口气，不用说瑞就知道了，买了，要出事了。

傅大姐在熟极生腻的友情中，爽快付给老先生十六万美金。老藏家真诚地建议傅大姐还是去做一个鉴定，大家放心。听藏家这样一说，傅大姐更不能去做鉴定，这说明人家是真金不怕火炼。老藏家夸奖傅大姐做事豁达，有男人气度。女人买东西，有时花小钱斤斤计较，一旦过千过万上十万，反倒爽快了，有点像生病放血一样通身舒服。

她从前买那么多翡翠的确从不做检测，因为买回去的东西老公也好，朋友也罢，见了都只赞漂亮又便宜。可是这次回到家里，想想不踏实，想想不踏实，突然觉得还是做一个鉴定好，不告诉老藏家就是了，到底十六万美金呢！

傅大姐很吃力地把这尊相当沉重的观音弄到曼哈顿 GIA 去做检测

了。检测出来的结果，读者看到标题其实就已经猜到了。不光注胶，而且染色。这样一来，不要说十六万，就是十六块钱都没有人愿意出钱买。傅大姐心里一团乱麻，五脏六腑仿佛被一手掏空，马上给老藏家电话，万万没有想到老藏家关机了。

这是我们这个特殊时代的神秘，人的存在往往只凭一个手机，手机一关，人就蒸发。

这种事情也够不上报警，因为既没有发票，也没有保修证明，警察是不管的。当然可以请个私家侦探，按小时付钱，但就是把人像本·拉登一样挖出来，又能怎么样？你们是两厢情愿。

事情没有完，买错了观音观音却不好办。尽管不是真翡翠，但因为雕成了观音，也不能随便动，万一观音发怒降祸与人呢？美国经济萧条了快十年，做生意的手头都紧。老公要周转钱，不料被老婆拿去十六万买了一尊假观音，得空就挖苦她，说她，愤怒起来骂她脑子坏啦？说她找穷，要跟

老三彩龙纹圆珮

这个败家婆离婚，却忘记了当初自己也是希望能请尊观音回来保佑发财的。傅太太两头受气，还家丑不可外扬，气到大病一场。

老三彩龙纹圆珮背面

她用一块毛巾，朝观音头上一蒙，放到地下室去，从此心情陷入低潮，头发开始一把一把地掉。最后自己也看不下去了，除非你跳楼不然不是还要活下去吗？她振作起来到瑞那里保养头发，其实都没有什么头发好保养了。瑞说只能慢慢来啰，洗干净，剪短了让头发长回来养回来，但是要好好睡觉好好吃饭，至于翡翠，说：算啦大姐，以后不要买翡翠就是了，这个十六万就当做生意蚀本。可是傅大姐哪里听得进去？转头问瑞，你说这种人有没有人治他呢？

几年前，山东来的小朱，在古玩店“风云榭”借租一个柜台卖高古玉和翡翠，有一日却急匆匆收拾东西走了，连租柜台定金都没有要，瞬间消失。渐渐街闻传出，原来前不久，小朱不知从哪里套来一桩生意，以批发的气魄卖给几个生意人一批高古玉器，差不多二十万。高古玉本来难鉴别，他是怎么样使人愿意掏出二十万美金？这个本事是生意天才的本事。

假的终究逃不了个假，于是就有一群人拿着刀到处堵小朱，小朱只有剩下一个逃，逃回了老家。他是不是能够一了百了地逃脱掉命运的报应？我们说，人在做，天在看。天是看得见的，小朱回到山东怎么样，只有他自己知道。

傅大姐不能拿着刀去堵老藏家，她只希望谁害人谁得报应。

不管你多么喜欢翡翠，不管你多么愿意花钱，女人，你要当心。

十七世

阿梅说，该迁坟了。

阿棕说，一直葬在那里，干嘛迁？

阿梅说，老墓地太荒僻，不好找，草也生得密，每次清明去都找不到路，找到了就拔草，那么密拔都拔不动。

现在的新公墓园区山清水秀，整整齐齐，阿梅看了心里不舒服，祖母、母亲和先祖十七世应该搬到那样的墓地去，把她们安顿在那样的地方，病重的老父百年之后就有归宿了。

阿棕一向听姐姐的，姐姐对他的儿子有养育之恩，所以尽管迁坟买地要花不少钱，阿棕还是答应多出一点钱。他跟阿梅说：阿梅姐，你这样就把我续弦的钱花掉一半啦。阿梅就笑说，等老祖宗安生了，你就来钱了。

迁坟需要二十万，阿梅开始筹措。在这个日渐衰败的大家族中，要弄到二十万，谈何容易。祖母又不光是她和阿棕的祖母，还是别人的祖母和外祖母呢，大家都要出一分钱，尽一份孝道吧。就这样，这么多钱好不容易才大略凑足了。

春带彩手镯

知识链接

莼带彩手镯

有紫有绿的镯子叫莼带彩。

“莼”在字典里指一种水生草本植物，开粉赤色和紫赤色花。从前的人把紫罗兰翡翠称为“莼花”就由此而来。但莼字生僻，用的人少，因与“春”字同音，渐被叫成了“春带彩”。

春，紫罗兰色；彩，其他颜色，比如这里的翠色。这只镯子极细腻，褒奖厚，俏丽明媚，紫是红紫，绿是秧苗绿，色根和色块鲜明，经常佩戴色会沿着色根移动蔓延。观看翡翠的这种变化，是艺术享受，也是静心领会大自然玄妙的心灵打坐。

可还是出了点问题，起了争执。事关这个十七世，她是什么人？是藤家的哪房儿媳妇？谁都没有见过她，她只是个媳妇，按说她老公才是藤家的嫡系，嫡系人呢？既无传说也不知葬在哪里，反而是这个媳妇归葬在祖母身边，而且还没有名字，只晓得娘家姓叶。

阿梅的前辈是大家族，有族谱，族谱上记着，阿梅是藤家的二十一代，按照十七世这个叫法，阿梅应该叫二十一世。到去年为止，十七世已经入葬七十年，也就是说，祖母走后是跟十七世这个前辈一道安葬的。阿梅的老姨妈说，迁可以，怎样也是我妈，但是这个十七世，我不晓得是谁，也从来没有祭拜过她，你弄个不清楚的人迁到新墓地去，这个钱我出是只好出，但是不高兴，我想想再说。

阿梅和阿棕信誓旦旦地说，小时候每逢清明，他们就跟着祖母去给祖上扫墓，碑上一直都有这个十七世，十七世还比祖母高两个辈分，藤家前面的祖先在哪里我们不知道，反正就是从十七世算起的，爸爸也带我们去过的，是不是？阿棕你说话呀？阿棕点头说，就是就是，十七世算是家里的祖宗，我们跟祖母去扫墓一直要拜拜她。

是啊，一直拜拜她，现在迁坟不带着她走，不怕遭报应吗？

老姨虽然不高兴，但是不敢反对了，就说你们去迁吧，不是迁三个人吗，那我就出两份钱，十七世那一份我不出，你们从小拜她，你们出。

阿梅还没有筹足所需款项，就带着阿棕还有家里大哥的儿子阿答去了老墓地。

藤家从前是镇上的望族，家有豪宅，巍峨壮观，镇上称其四角楼，它四面都是炮楼，有枪炮眼，可以看到很远，有人来盗来偷，从那里打枪，可说固若金汤。日本人登陆的时候，很多当地人逃难，都躲在藤家大院里。后来就衰败了，房瓦碎了，雕花窗棂断了，金漆大门的金粉退了，但只要你往那旧院门面前一站，抬头看看垂在墙角间一簇一簇一挂一挂的霸王花，就能看到旧时豪族的风光气派。

从前那里的人过世不用土葬，不用火葬，用的是坛葬。高大结实的坛子不入土，依山坡搁放，一如生前可以晒太阳，可以经风雨。隔个许多年，打开密封的坛口把先人的骨殖取出来，在太阳下晒晒，然后再收回坛子，封好口放回原处。阿梅晒过祖母和母亲的骨殖，但是从未打开过十七世的坛子。她跟祖母母亲是见过面的，人生在世但说是两个人见到面，就是前世修来的缘分。

可是迁坟是一定要把每一个坛子都打开的，拣出骨殖放在小盒子里带走，不然坛子搬不动。你看书看到这里可能会毛骨悚然，我写到这里也毛骨悚然，这是什么样的风俗？但是既然有地方是这种风俗，那就应当不是什么秘密，也自有它的道理，也不是什么人都觉得毛骨悚然，这跟中国西南部的吊在峭壁上的悬棺有类似之处。风俗就是祖祖辈辈沿袭下来的习惯。阿梅阿棕就是在这种风俗习惯中长大的，他们不避讳。

十七世的坛子终于打开了，在十七世灰白的骨殖中，阿梅忽然看到一些绿。她看看阿棕，阿棕看看身边的侄子阿答，阿答年青胆子大，就拿根树枝去拨，一拨拨出个手镯，再拨下去，还有一只，已经碎掉了。就是说十七世是带着一对翡翠镯子入葬的，她是七十年前去世的，要是她二十来岁就得到这副镯子，人又活了好几十年，那么算起来这镯子有一百多年了。密封在坛子里的翡翠，绿是有一段绿的，但比较沉闷，少许段子上还钙化了。

阿梅不懂翡翠，阿棕也不懂，阿答虽然不懂但是对出土的东西有着迷

玻璃种晴水绿手镯

信，肯定值点钱的。他看姑姑和叔叔都不动手，就捡起那只完整的镯子放在坛子边的草地上。走的时候，阿梅和阿棕分别抱着先人的骨殖，都忘记了这只镯子，阿答却没有忘记，没有做声捡起来在裤腿上擦擦，揣进口袋回家去了。

阿梅把迁坟的事安顿妥当，前后费了几个月，最终把十七世、祖母和母亲三个人的名字刻在同一块碑上，遗骨葬在同一个穴里，不过碑上给父亲留着名字了，红色，因为人还有些残命，仍旧在阳世。

之后阿梅回到四角楼大哥家去看看。破败的藤家，几乎所有的房子都租出去了，里面只有三家姓藤，七零八落的。大嫂身体不好，常常躺在床上睡觉，家里事情让给阿答的老婆打理。阿梅隔段日子回去看看他们，给点钱补贴。那天她去四角楼，不是专为看他们，她是想要大哥把那份钱出掉，一半吧至少。但就是一半的钱大哥也不拿，说坟也不是我要迁的，哪个迁哪个出钱。

阿梅说，这点钱也不出，孤寒！也不是我一个人的祖宗，大家都有份的，平安日子要自己挣吧。

阿梅的儿子在香港做事，很有出息，所以阿梅对祖宗的保佑深信不疑。她走到嫂子的床边，赫然看到一只镯子吊在立地灯灯架上。她看看嫂子，嫂子看看阿答，阿答避开了阿梅的注视。那不是迁坟时阿答捡出来的翡翠镯子吗？

窗外的阳光照到镯子上，不长的一段翠色隐隐的，淡绿淡绿蛮好看，

知识链接

晴水绿玻璃种手镯

玻璃种满绿，翠中极品。玻璃种因透明度极高，通常颜色淡，淡到质地中的棉絮白花一看即见。这都是翡翠具有的天然“杂质”，稍有“微瑕”反倒更加鲜活，可推想她如何经过千万年地壳运动，在地心深处变成玻璃一般的固体，却又柔婉含水。

就连那点钙化的地方也多出了老味道。阿梅心一动，回头看着阿答：哦哟阿答啊，你把镯子带回来啦，这可是十七世的。说到十七世三个字，她就压低了声音。

阿答有些支吾，我看你们不要，也不是什么好东西，就带回来了，给我妈看看，她也没有事情做。

阿梅可不这样想，这是十七世的东西，一百年数上去是清朝了，这还不是专为十七世打的镯子，要是十七世的母亲或者婆婆那里传下来的，那还真的值些钱，过去什么人带翡翠啊？有钱人。十七世她从小就拜起，她的镯子理当自己继承，为什么当时没有留意！

阿梅没有多说话，坐在嫂子床边看看嫂子，嫂子对她无力地笑笑，然后拿眼睛去看儿子，看过儿子再看镯子，对阿梅点点头冲着镯子动动下巴。

到底这么些年来家里有事情都是阿梅帮衬的，她有钱给钱，没有钱就给阿棕电话，叫阿棕快点送点钱给他们用。嫂子虽然一句话没有说，但也什么都说清楚了。阿梅把阿答拉到门外，从口袋里掏出六百块钱给他，说：喏，算我买回来。

阿答永远缺钱，想都不想很干脆，说算了，你是我姑，再怎么样，十七世的镯子到底是在自己家人手里，拿去吧。

在破败的四角楼大院中晃悠悠走过，那种感觉阿梅后来怎么想说也说不清。当时日下西头，她口袋里装着一百年前的老镯，在先人建造的宅第、也是她自己出生的地方走了二十米的路，跨过高高的门槛出去时，她觉得自己横跨在一百年中间，也是十七世，也是阿梅。

阿梅拿了镯子回到城里，马上去了一趟博物馆，找人鉴定。给她看翡翠的是个老人，只看了一眼，就说你这是个老东西，清代的，但是呢，水头不很好，颜色既不多也不艳，就是够老，哪里来的？阿梅神秘地笑笑，没有说给他听，她只要知道这是个真翡翠，清代的，就够了。

老人叮嘱她要常常戴，翡翠在土里久了就闷，地下空气不流通嘛，到

珍品欣赏

冰黄翡

黄翡达到冰种就是上品了。这只饱满的寿桃挂件通体翡色，均匀蕴和，果身淡翡色，顶上匍匐的小猴子近红翡，整体颜色匀和温润。黄翡和红翡都生在原石表层，翡色贯穿全身而见厚度的不多，所以稀罕珍奇。

冰蜜糖翡色寿桃

了尘世上有空气有人气，她就活过来了，翡翠要养的，不信你以后再来找我。

阿梅用丝巾把镯子包好，放在抽屉里，自己不戴。这样的老东西，还有一点一丝的土沁呢，戴着好不好？她拿不准要不要听博物馆人的话。她给阿棕和阿答分别打了电话，说这件事你们不要讲，人家知道了还以为我发大财了呢。叔侄二人爽气，说发财让你发！

不久，我跟阿梅在丽江见到了，此前我们从未见过。阿梅见我喜欢翡翠，就跟我提起她有一只清代的镯子。那立刻引起了我的兴趣，翡翠本身对我有刺激，又是藤家祖上的。阿梅的祖母是我的外祖母，我们叫外婆，外婆在我小学时从广州到南京看我们，身上总是发出丁泠泠的翡翠声，特别是两只硕大的手镯，垂在手腕儿上，随时都要掉下来似的。外婆的翡翠特别绿，满滴滴的水头碧碧绿。可惜当时我们都木讷，只晓得一堆革命辞藻，物宝天华在眼前却视而不见。

在云南这个云集着翡翠商和翡翠店的地方，有关十七世手镯的故事不期而至，来成全我的《翡翠女人》。

十七世，多奇怪的称呼，像年代戏的片名，传奇又令人惊怵，但她竟然也是我的祖先，忽然而至的祖先，特别陌生和奇怪。

离开云南回到老家，我站在四角楼前面，亲眼看见了霸王花和木棉树，这是我妈妈生前一直要我来看看的地方。现在我来了，不仅看到了母亲长大的地方，也看到了十七世戴着翡翠手镯进进出出的地方。血脉相承这四个字，从来没有如此刻骨铭心。

阿梅找个时间特意把手镯带到酒店给我看。是清代的翠儿，正如博物馆老人说的水头并不很透，七十年捂在坛子里不见天日，钙化的地方像老象牙，镯面上散开几处的绿色很淡，质地却是很密很细，让我最喜欢的是她是圆条镯。我一直不喜扁镯，尽管早先制镯子就有圆镯，扁镯，方镯，但我不喜扁镯，觉得不大气。阿梅期盼地盯着我看，大概她把我当成拍卖行收货的人。我抚摸着镯子，镯面略有些沙手，许是清代的抛光器具和打磨技术跟今天毕竟有差别，不那么光滑如水。

我的手触扶到冰凉的翡翠时，心底起了波澜，好像是自己的手拉到了十七世的手。她是十七世，我和阿梅是二十一世，如果不是这只出土的镯子，十七世于我是不存在的。可毕竟藤家祖先有灵，让不远万里回到家乡

翠品欣赏

三彩手镯和红翡耳坠

老三彩镯以多层次的黄翡色为主色，间或有红翡丝，绿色雅淡清脆，成色灿烂华丽，又可见翡翠中的结晶质，种质很好。是古气斐然的圆镯，华丽大气。那对红翡耳环，翡色均匀饱和，一无杂质，想象垂在耳垂上悠悠摇晃是一种如何的风姿?

三彩手镯和红翡耳坠

细糯种镯子一对和冰地黄翡镯

在一起的三只手镯，那一对镯子虽颜色不艳，但种地极其精细干净，这是作者最初的收藏，开始通身青白色，戴久了竟生出多处淡绿，令所有见过的翠友吃惊。

右边的那枚冰黄翡镯子，翡色中有跳脱的红翡，层次丰富，郁郁苍苍，虽然比不上冰地绿色的翠件昂贵，由于少反倒更不要错过。

冰地黄翡手镯

的我，跟故土有了实实在在的肌肤之情，凭的就是翡翠。家族中终究是女人能将翡翠一代一代传下去。

我也跟阿梅说，出土的镯子是要戴的，戴戴就透了润了，但如果你忌讳出土的手镯，那就不要戴。阿梅说不怕不怕，怕什么，我戴！于是阿梅把那只沉睡了七十年的翡翠镯子戴上了手腕，兴冲冲走在家乡小镇的大街小巷里。阿棕跟在身旁，笑眯眯问我：表姐，这个镯子有没有一百万？我说，你财迷，是个翡翠就值一百万？那也要是好翡翠呢。阿棕很吃惊，说翡翠还有好翡翠坏翡翠吗？那我姐这只是不是值钱的呢？

阿梅不高兴，阿棕你财迷还真不小，一百万你就要不平衡了？

"有没有一百万？"她还是悄悄问我。我说我不知道，不是说凡是清代的翡翠就一定值钱，要看水头质地和颜色。那你的意思是这个翡翠不很值钱？我说要是太值钱，阿棕和阿答都要杀了你分吃。阿梅哈哈笑起来，好像十七世附身。

我和阿梅就十七世讨论了很久。十七世究竟是如何的面容和身段？走路什么样子？她一手戴一只镯子，在藤家一百多年前盖的高堂大厅进进出出，照应老少。临了走了，也没有像一般女人那样把镯子留给女儿或者媳妇,自己就带着走了。她是没有女儿媳妇还是有也不给?问题回到前面,就是为什么十七世单独跟藤家人葬在一道,她的丈夫呢?就是早卒也是有过人的,人呢? 只有一个可能,到海外挣钱客死异乡。

我们客家人很多都远走他乡,天涯海角回不到故土,世界上有五百万客家人流散在各个国家。我也是一个流落在美国的客家人后代。

十七世的男人没有给她留下种,她就带着身前的荣华富贵走了。翡翠是清代乾隆盛世的时候,开始大量从缅甸运进京城,因乾隆喜爱而登上大雅之堂。但那也得是家境好的人家,才有翡翠带去来世。只是十七世她再也没有想到,这对她心爱的镯子会因为后人给她迁坟而竟重见天日,流传到一个名叫阿梅的女人手上。

时隔七十年,远走海外和留在本国的很多藤家人建功立业,那有一本光辉的记载可以寻踪。可是留在故乡的却衰败了,正如这终将会被拆掉的四角楼。人来人往多少代过去,清代圆镯中的一只完好地保留下来,让我们对这个没有名字没有生卒的女祖先十七世的怀想, 有了一些物质的依据。面对这只翡翠手镯,我和阿梅想复原她的模样和身世,找到了共同的根。

人生如意

肥叔叫了一辆电召车，从康乃迪克州到纽约，口袋里装着一枚翠挂坠。出门前他用柔软的绸缎小心包起翡翠，再装进软缎小包。这趟去纽约不为别的事情，是要把这块翡翠送去给雪莱。那天雪莱给他打电话，急急地问：肥叔啊，好吗？上次你买走那个人参如意挂子还在不在啊？

肥叔说当然啰，刚买怎么就不在啦？什么事啊？

雪莱说：不好意思噢肥叔，我有个客人，昨天专门来这里，问起这块翡翠啦，她一直喜欢，来看了好几次，就是没有开口要我留。

肥叔不温不火地说，既然喜欢，就该买，又不买，那就是不很喜欢啰。雪莱说：怎么不喜欢？人家总要看好几回的，买翡翠又不像买菜买米。肥叔说：当然不像买菜买米，可是你那个客人再喜欢也晚了，东西我付了钱，归我了。雪莱，你到底要跟我说什么？

雪莱故意跟肥叔逗乐：怎么晚呢？东西又没有飞掉，你不会已经转手卖掉了吧？肥叔心里明白，装作不明白：飞了，不在你店里就是飞了。雪莱笑起来，肥叔，东西在你口袋里就是在我店里。肥叔一听高兴，那是那是，

老坑种人参如意把件

谁叫我是你肥叔呢,你说要我怎么办?

雪莱告诉肥叔,那个客人今天带了钱来,决定买那只人参如意了,一看没有了,说怎么没有了呢?给人买走了?她好难过,肥叔你东西多,能不能把东西送过来,我日后找到好东西再给你换。

雪莱还想起一件事说给肥叔听,就为再次证明把肥叔手上的东西转让给她多重要,这个客人那次陪一个北京来的女朋友看翡翠,人家北京人一眼相中一只蝴蝶兰花,当下要了,这个客人见到蝴蝶兰花一夜都失眠,难过了好久,说失之交臂是最受不了的,没有碰到就也算了,刚碰到却就是别人的了。所以肥叔噢,不要让她在我这里再失之交臂。

雪莱的翡翠生意,多半靠回头客,过路客也有但不多,因此说在纽约做翡翠生意是不容易的,翡翠只有东方人喜欢,尤以中国人为最,可是在美国的华人毕竟只有一百多万,再分散到东西两岸和其他州,纽约有多少?又是少数族裔,华人这个少数族裔中喜欢翡翠又有些闲钱舍得花的,再有多少呢?更是少之又少。卖翡翠的都在定价上十分谨慎,低了赚不到钱,高了卖不出去,稳定的回头客都是经过长时间的交往和了解聚起来的,十分难得。

肥叔是雪莱的回头客,他每个月都要到雪莱店里去一趟,每次去都会买一两件翡翠。肥叔是有地产生意的,一辈子喜欢和阗玉和翡翠,颈子上挂着的都是足有三四两的挂件,他总是穿绸缎对襟衫,春夏是薄绸,秋冬是绵绸,他人又胖,就像电影中的财神。肥叔脾气很好,见到雪莱特别好,有时他去雪莱那里就是看看她,说说话,半喜欢半不喜欢的翡翠也能买下来,为的是要雪莱高兴,也照顾她的生意。肥叔一个人过日子,雪莱也是单身。不过肥叔从来不跟雪莱涉及这方面的话题,他对雪莱的喜欢,是通过买她的翡翠表达的。

听她这么一说,肥叔讲:不是我说你啊雪莱,你就会欺负你肥叔,那个人参如意,我是一看到就掏钱的对不对?我很少一看到什么就马上掏钱的对不对?

雪莱说当然，肥叔你是我的好客人。

肥叔听到这话就哈哈哈哈笑起来了，听肥叔这么笑，雪莱知道事情有希望。于是她直截了当请肥叔找个时间到纽约来一趟，把人参如意带回来让给那个女客人，店里东西任他挑，多退少补。肥叔说还多退少补？我为这个挂子跑两趟不算钱吗？这个客人是你什么人，她付给你的钱比我多吗？那么偏向她？

肥叔不晓得，雪莱有个怪脾气，是看客人的，看这个客人跟这件翡翠是不是配，而在客人中她一般向着女人，她觉得女人好像清露，干干净净的，翡翠也是水头好的价格贵，跟着一个好女人不会沾染烟火气。雪莱没有读完《红楼梦》，但电影电视是看不够的，她说就数贾宝玉懂得女人，他

冰种浓绿荷塘鱼戏珮

翠品欣赏

这块挂坠的工极尽精微华美之态，在硬度很高的翠石上透雕是很见功力的，只是太繁琐，需要剔除的杂质太多。翡翠的工其实是越简洁越好的，可呈现其天生丽质。

“荷塘鱼戏”局部

怎么说？他说男人是泥捏的，女人是水做的。难道不是跟翡翠一样吗？女人保养就是要补水啊，锁水啊，反正讲究水分跟翡翠一样。

这件人参如意是个老坑挂件，进货时对方说入过土，可是入过土的东西如此干净真不多，翠挂种地十分细腻，结晶颗粒极小，白是白绿是绿，参须凹处有些沁。对着阳光或者灯光一看，绿色从翠肚子里发散开来，半透明的非常诱惑。但特别值得说的是它的工，刀刀流利有力，如同一棵长足了日子的人参，很健康，胖胖的，还有只如意从人参上袅袅垂下，在最下面结了个也是饱饱的如意，碧碧绿，你一看就想把那棵人参挖回家去。老玉匠就雕出了那种新鲜劲儿。

肥叔喜欢这只老坑人参如意，就是喜欢这里面的意头，吉祥。人生不要别的，就要如意嘛，就算是快要七十岁了，也要吉祥如意。肥叔问雪莱，“你这个客人命也硬啰？敢戴入过土的东西？”。雪莱呵呵笑着：肥叔啊，人家命不硬不敢买的，你还不还给我嘛肥叔？我这里新寄过来一只龙凤佩，也是老种，你看了一定喜欢。

肥叔开开心心冲了雪莱一句：那你手上这个货一定比人参如意贵啦，对不对？就会算计你肥叔。

第二天肥叔就叫了一辆电召车去了纽约。当着雪莱的面，他从颈子上摘下人参佩递给雪莱，问了个奇怪的问题：这个客人比我老还是比我少？

翠品欣赏

老油青龙凤配

油青种范围很大，颜色差别也大，种质也有高下，水头是比豆种要好一个等级。油青种听上去好像油腻腻的不清澈，可也有“油汪汪”这样的说法。油青的颜色多暗多沉，偏蓝偏灰，不俏丽不娇嫩，南方人多不喜欢。但北方人可能更容易接受油青种翡翠。

此佩种水和颜色都不错，比一般的油种质地好，油青色在强光下会变得很淡，而看似发黑的颜色下面总是隐藏着绿，俗话说黑色下面必有翠，形成色的层次感。

老油青龙凤佩

雪莱说你问这个干什么？买翡翠就是买翡翠，跟年龄有什么关系？肥叔说我特为过来把买了的东西还到你店里给她，总要知道是为了一个什么人。雪莱说肥叔你不要为难我，我不告诉你是为了日后你见到人家，不至于给人家脸色看，跟你说，人家比你岁数小。

肥叔就笑了，说要是她比我老，我就敬敬她，要是人家比我少，就算我疼了她，拿走吧！

店里有两个熟客人都是女人，听了肥叔的话都大笑，过来说肥叔做人真豪爽。肥叔轮番看看三个女人，阔声说：没有什么，没有什么，红粉送知己，宝剑留自己嘛，哈哈哈！

在肥叔想来，虽然是古时候就有王公贵族戴翡翠马鞍戒、扳指、手链，朝珠上也有大颗翡翠，还有手把件啊腰牌啊，但终究还是女人佩翡翠最好看，年青女人脖子上要是有块水灵灵的翡翠挂子，她就增加了几分水秀，上年纪的女人手上一枚大颗翡翠戒指，她就多几分贵气，所以他把人参加意让给雪莱那位女客人，一点不犹豫。但肥叔有一点疑问，就是一般女人喜欢翡翠做成了珠宝，一来保值二来佩戴，喜欢手把件的女人不多，那是男人玩的东西。肥叔就要雪莱告诉他，他在店里有没有碰到过那位女客人，他倒是想见见玩手把件的女人什么样子。雪莱说不告诉你，不然以后你碰到她，会想起自己的东西被人“抢”了，还是不知道好。

肥叔哈哈一笑，也行，随你，什么都是你说，不过雪莱你可不要小看肥叔我噢，日后我在你这里碰到她，你还以为我真的看不出来是哪个吗？祝她人生如意啦！肥叔说着站起来躬身打量玻璃柜子里的翡翠。雪莱侧过身点着身后柜格上挂着珠链的木质女人胸说，肥叔，刚来一块龙凤佩，你要不要看看？

肥叔拿在手里凑着顶灯看，看了好一会儿才说：透是很透，比人参如意要透，但那绿色不翠艳，比不上人参如意明亮，要的钱还多，肥叔不要。雪莱你这个店不会跑掉，你这个人也跑不掉，这个翠挂子你就放心拿去给你那个女朋友，日后有好东西给我电话，你也晓得我喜欢什么东西，块头要大，要够厚，颜色艳一些，质地细是不必说了，意头嘛跟人生如意也要差不多，不然肥叔不高兴。肥叔笑眯眯看着店里三个女人说。

后来，雪莱的上家寄来几件好东西，其中一个荷塘鱼戏佩是个满绿，种份没有得说，绿得撩人看着假，要不是雪莱的长期合作伙伴，她都不敢要，就是这样雪莱还是差人到曼哈顿去了一趟，拿了鉴定证书回来，这才放下心来。

雪莱最先就要肥叔过来看货，说是专门留着等他。肥叔一看二话不说，要了。但是价格就比人参如意贵出很多，因为这个挂件在在符合了肥叔买翠的标准，水头好，颜色饱满均匀，工也是不错的，鱼塘图吗就是年年有余的意思，有余了自然就如意了。肥叔夸奖，你雪莱会做生意，最会的就是宰你肥叔啊！

雪莱夸肥叔做人跟翡翠一样是A货，顶级！我手里的好东西都是找到好人了，这才是我最赚的。

翠观音

在南京探亲时忽然听说庞哥走了,怎么叫人信?

不久之前还在法拉盛商场大门口碰到过他,那天身穿对襟中式短衫,蓝色底子绣金花,白发闪着银光,手里拿两只绿汪汪的镯子。他喊我一声,伸出手来要我过去看,说:你喜欢翡翠,看看这两个,好东西,玻璃种啊。

这样品级的东西若是老坑玻璃种,哪能随意吊在手上晃?几十万美金的翡翠镯子不是站在商场门口兜售的。不过庞哥历来肚量大,见我不应就说下次,下次有好东西我再告诉你,不过我这一对镯子也是好东西噢,好吧,下次下次!

没有想到这个“下次”就再也没有了。

庞哥这个人,在华人圈中也有些名声,手上间或会有从美国人手上拿来的好东西。早些年常去已经关张两年的“良玉堂”,老板娘就认识庞哥,说长岛那个庞哥是有好东西的, 我们也真从庞哥手上买到很好的瓷器和玉。

可是这几年庞哥的东西渐渐少了,大背景上来看,插足古玩的人越来

普度众生

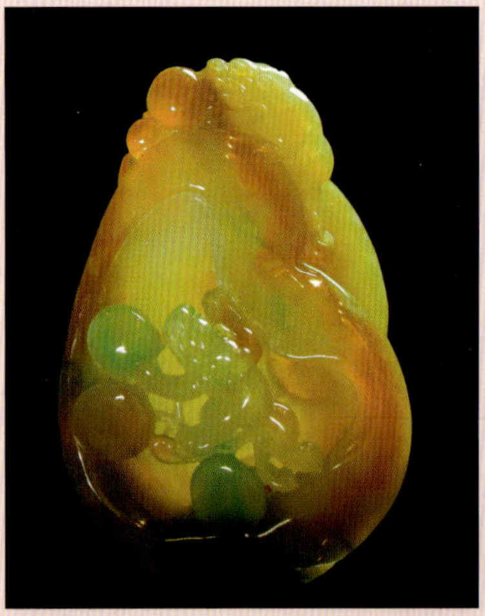

冰地三彩福寿如意

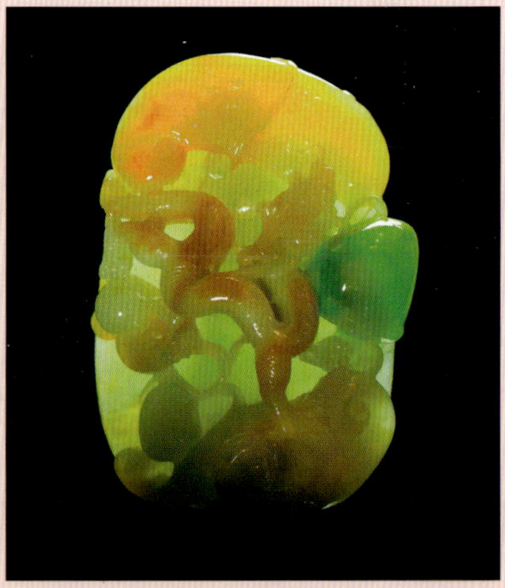

冰地三彩福寿如意

冰三彩福瓜螭龙珮

冰三彩福瓜璃龙珮

翠品欣赏

冰地三彩

没有文字可以形容这两只冰三彩。它们如冰雕一般晶莹透亮，烁烁闪光，翠绿、黄翡和红翡自然交融彼此映照，华美灿烂。是翡翠共生矿亿万年鬼斧神工的大手笔。

越多,国内过来的拍卖公司和古玩商也多,如过江之鲫,他们钱多牌子响,华人藏家手里的东西都朝他们那里流，庞哥这样本土的古玩商就被挤得没有路子走了。在纽约做得下去的古玩商,都跟大陆人里应外合联手做,才做得起来。庞哥没有迈出这一步,或者是没有路子,或者是不屑。

不过庞哥不气馁,大生意做不成做小生意,而且不再拘泥于瓷器,有什么做什么,从瓷器到蜜蜡到翡翠到角雕。总比什么都不做好,再说一个人要是做过古玩生意,这辈子就再也不愿意做别的了,有饭吃就行。他往往拖着一个行李箱,箱子里装着他要出手的古玩,乘火车到法拉盛来转一圈，轮流给几个他认为够品级的藏家看。到后来他箱里掏出来的不少瓷器,都是景德镇现仿的。可以直接跟他说,这是新仿。他好像根本没有听过什么是新仿这一说,总平淡地说:噢,新仿啊,那以后再找好东西给你们看。

后来接到庞哥一个电话,说他卖掉了长岛的房子,搬到法拉盛一栋公寓房来住了,那样不用长途跋涉,一切都方便,也欢迎你们过来坐坐。

与古玩商的关系,疏密或好坏,都是有一个媒介的:古董。古董是买卖,因为古董而结下交情的不多,结下了交情,那才能升格变成另一种关系。我们与庞哥之间尚不能谈上交情,一时就没有去他在法拉盛的新居,这成为我和先生的一个遗憾,回想起来真是应当到他的新居去坐坐的。

我清楚记得第一次去长岛庞哥家的情景,进了门我什么都没有看见,就看见了他供的神龛上有一个观音,挂在财神爷身后的墙上。我到任何地方,凡有翡翠,都一眼见到,她们从其他古物中跃然跳出,一把抓着我。这种禀赋算不算特异功能,我不知道。

我走过去,问庞哥可以不可以看看这尊观音。庞哥朗声说:可——以!这是翡翠噢,清代老工,多好！口气十分骄傲满足。

这个观音特别细长,玉树临风。糯糯的,细密细密的,脸部像瓷器的象牙白,有肌肤之感,颈子以下白中洒绿点,衣裾飘飘仿佛满兜春风。她容貌秀美恬静。庞哥问,是不是觉得有点不一样？我说是的,怎么这么长的翡翠？

清代工，庞哥说，一根翎管一劈两半刻出来的。

那时我刚开始收藏翡翠，一喜欢就达到痴迷的程度，可是理论上对翡翠知之甚微。竟对眼前这枚观音一见倾心欲罢不能，她实在太美，柔和有如油脂，色泽雅淡清爽。而刀工那么老练，将观音刻得如飘然下凡，有那种动感，还有一种宁静的慈悲。

我顾不上庞哥正跟先生说话，拉他过来：庞哥，请问这尊观音让不让？庞哥就喜欢人家爱上他的东西，但是告诉我这是他自己佩戴着的，不让的，对不起噢。

佩戴？佩在哪儿？难以想象这么美丽的观音挂在一个男人的颈子上。可是庞哥竟然还是指指脖子说，“这里，戴在这里。”那样一来我就更希望庞哥能够割爱，我跟这枚观音忽然就有了感情，远比庞哥拥有的时间久长。我说服庞哥把这枚观音让给我，可庞哥坚持不让，自己的东西是宝，跟我很多年啦。

在整个观看瓷器的时间里，我的眼光不时回到翡翠观音身上，人还没有离开就开始失落了，我知道不可能有幸得到她。

先生向庞哥买了两件文房四宝，庞哥十分开心，操起手机就给一个朋友去电话，说：怎么跟你说的？马上就有人买啦，你不要，不要，以后就没有得看了。庞哥小心包好瓷器送我们到门口，我再次回头看着神龛上的翡翠观音，与她告别。还没有迈出门槛，庞哥突然对我说：等等！

只见他转身疾步走到客厅深处的神龛上，取下观音，走过来，跟我说：看得出你们有缘分，给你！

我狐疑地看着庞哥，心中惊喜，真是精诚所至，金石为开！虔诚接过观音，说：谢谢你庞哥，请报个……

庞哥竖起一个手指，送给你！

我伸出手要把观音还给他，表示这我不能接受。庞哥坦诚笑说：我看你真心喜欢她，送给你做个纪念，我高兴。

冰种红翡观音

知识链接

木那种

新近出现了叫做“市那种”的翡翠，是近来高档翡翠市场上受热捧的翡翠新“种”。

市那种，从缅甸“市那坑”场名而来，因为那个坑口产出的翡翠种质匀净、颜色匀净，地子匀净，产量少而质地极高，而渐被叫成了市那种。有人形容“市那种”翡翠“海天一色，点点雪花，混沌初开”，是极准确极美丽的，意象阔大绮丽。

照片中的“一叶知春”，具有市那种的全部特征，绿色浅淡犹如春水，通体匀净无丝毫瑕疵，均匀的白点好像草莓籽撒开。

市那种相当名贵，出产极少，碰上要天意和机缘。

一叶知春

几番推辞便不再拒绝庞哥的好意了，再说我是真的喜欢，根本不忍与她失之交臂。庞哥问我要不要帮你包起来带着。我说不用包，我捧着回家。庞哥笑眯眯看着我，说那就不送了，收好！

上车之前我回头看看庞哥，做了一个感谢的姿态，庞哥一直站在门口，不知道是送我们，还是送观音。

这样白白得到一样宝物的事情，几年前发生是可能的，放在现在就难以想象了。雪莱就跟我说，送人什么都好，LV 包啊，BV 包啊，蒂凡尼啊香奈儿啊爱马仕啊，都没有什么稀奇，钱能买到，就是不要送翡翠。

后来我去宝翠轩请雪莱看看这尊观音。她拿在手里就说，清代工啊，好美！花了好多钱吧？我说没有花钱，人家送给我的。雪莱不信，说这个年头还有人送给你这样的翡翠观音？我不信，“真是人家送给你的？好福气！”

听说庞哥走了，让我在南京好久不舒服。回到纽约一有机会就向人打听庞哥发生了什么,怎么突然就走了。可是泱泱纽约,竟听不到关于他的任何消息。功夫不负苦心人,终于有一天,我从一个小古玩店卖玉的熟人那里,知道了事情的大概。

那天,有个做古玩的绰号三毛的小个子去庞哥家说事,为钱的事情两人争吵起来,吵到激烈处,庞哥突然就倒在地上,说不清是脑溢血还是心脏病还是都有,就倒在地上不起,还没有送到医院,人就过去了。

我问老板那个小个子三毛我认识不认识。一说,我真的是认识的。但是庞哥为什么会和这个上门的人吵到命都没有了,却没有人说得清楚,而那个去和庞哥吵架的人,后来也像庞哥一样人间蒸发。毕竟,整个事情与他有关,毕竟发生了这样的事情,舆论说:人为财死,鸟为食亡。

那么,谁为谁的财呢?以庞哥能把那么珍贵值钱的翡翠观音送给我,他应当不是个斤斤计较的人。在日益激烈的古玩收藏界中,要保持诚实的人品和道德底线,比遇到罕见珍稀古物更不容易。

庞哥从此没有了,可是他送给我的翠观音还在,永远玉质含光,每次看到就会想到他,也许他早已对自己的命数有了预感,所以把观音交付与我,知道我会一生珍惜?

菩萨无声

大雨下了两天不停，下水管道的水溢上了街面，满城水声哗哗。不到下午五点，三月的纽约已经暮色深浓，下班回家的人撑着伞赶路，上夜班的人朝地铁赶路，没有人中途停顿。是周末，店铺却因大雨而门可罗雀。雪莱估计不会再来人，就准备关门。"丁零"门铃一声响，有个人撑着被风刮得快要抓不住的伞站在门外，把脸凑在玻璃上，朝里面张望。看不清来人的面孔，看不清雪莱就不给他开门。那人把脸贴在玻璃上，焦急地朝里看，右手用劲敲着玻璃门。风急雨大，夜色在雨中渐浓渐深。

金小姐冲进来合起伞，水沿着伞脊滑落在地，顷刻汪成一团，她跺跺脚，在当门心的小垫子上擦擦鞋底。雪莱见金小姐这种天气出门来，感到意外。

金小姐这样的天还出门？我马上关门了。

照理，店里来人总是买翡翠，至少是来看她，她要高兴才对。但雪莱觉得金小姐不像来买翡翠，更不像来找她说话。而她，因为前些日子那件事情，对金小姐不高兴，连闲聊也是懒得。

油青冰千手观音

知识链接

油青冰千手观音

这尊油青种的千手观音很美，水头相当好，是此品中的上品。世上万物皆有色，有色皆为天成，好看不好看都看你喜欢不喜欢。上了些岁数的女人，不少就偏爱油青翡翠，她沉稳低调，佩戴着不招摇。水头清一些的做成圆形佩饰，加之精细的镶工，同样能出入体面场合，尽显身份和岁月，未必输给浓绿艳红。

这佩饰的名称：油青冰，不是我的发明，而是做翡翠生意的老行家坚持这样说的，我问了几次，她仍说不是"冰油青"而是"油青冰"。

找个角落靠好了伞，金小姐踮起脚跟一扭腰，斜坐在高脚凳上，她趴在玻璃柜上，紧盯着雪莱，着急地说：老板娘，那个观音还在不在，啊？在不在？她的口气急煎煎的，好像出了什么大事。

雪莱一听就明白她说的什么，但是她没有搭话，她要金小姐自己说出来。为那尊老油青观音，雪莱不是很开心。那天，宋妈妈和一群老人到店里玩，想看看有没有价格适中的物件，结果让金小姐弄得不愉快。

宋妈妈从香港到的纽约，年头比其他侨民都长，在香港宋妈妈家境很好，买翡翠戴翡翠就像到兰桂坊、铜锣湾买食材。宋妈妈买翡翠从不自己带钱，总是拿走后差女儿把钱送过来。大家都喜欢宋妈妈，她富贵慈祥，那么大岁数穿戴得体亮丽，我们都说老了要像宋妈妈。后来雪莱认她做干妈，就叫她"干妈"，我们后认识她的人也跟着叫她干妈。干妈到翡翠店总是穿戴整洁素净还洒香水，手里一根拐杖，神气贵气，见到我们都要抱抱，走的时候也要抱抱。她抱安吉尔时，还在她背上轻轻拍拍，安吉尔真的亲亲她的面颊。雪莱会从柜台里面绕出来，抱住宋妈妈，叮嘱她保重。宋妈妈总是用英语跟大家再见：See you later! 过年宋妈妈还差人送喜饼水果巧克力到店里，说给那些 girls 吃，我们都说干妈好，像个菩萨。

宋妈妈的这群老友，都是旧交，年纪大了出门渐少。这天约好了在法拉盛有名的糕饼店"大班"喝奶茶吃蛋糕，然后一起去雪莱那里。台湾来的叶太太表示这次她想找一个面相好的观音。上岁数的人喜欢祈福的小挂件，可爱的小生肖，观音佛像更被追捧。这些都是翡翠工匠最擅长的雕工，也最受欢迎，可是也最容易做工粗糙，变成行货，随手一个随手一个，离艺术品水准差太多。这样的雕工反过来也说明这块翡翠质地肯定不好，好翡翠会让好玉匠夜不能寐，思忖好几个月才下刀。一般的翠料就让学徒做做就行了。所以，价格便宜工又好的观音很难找到。

宋妈妈她们到的时候，正巧金小姐也在，正大声与其他的客人说话。

金小姐四十多岁碰到人还专门叮嘱，“叫我小姐就好！”金太太这个称呼她不要听。金小姐新近入翡翠的门，是个新鲜人，正在热头上，隔几天就到店里转一转，隔几天找一件东西问问价钱。金小姐做手机生意，这个时代就是手机的时代，就数手机最卖得出去。金小姐置了地产买了好车不愁吃喝，快要接近无求的境界了。听朋友说现在翡翠很火，升值很快，中国大陆翡翠一日见到不买，再去就买不起了就涨价了，有时卖家还搭架子不卖了，不如投钱买翡翠。但是买什么翡翠才算有投资眼光，金小姐却是一点没有头绪。所以金小姐常常坐在翡翠店里，用心听人说话，别人看什么她

老手珠

知识链接

老坑种朝珠

这是作者最喜欢的两串老珠。光阴留痕，珠圆玉润；绿色浓淡深浅，粒粒珠子饱满硕大，有些在土中侵染日久有了裂纹，又被土中其他矿物渗透而有斑斓杂色，一眼即知这是年代的浆液，初看似乎不够纯，但纯的东西难免单调，恰是这种你中有我，我中有你、永不重复的天然色调和纹路，让这珠串古意无尽。

老种朝珠

老坑种朝珠

也看什么，动手买还要再看看。

叶太太不大买翡翠，从来只是笑眯眯坐在靠墙的椅子上看人家买。这次专为观音来，偏巧就看中一个。隔着玻璃柜台看，她水头旺，就是颜色偏灰。在翡翠种质的排列中，油青种在中间，过去价格不高，因为它颜色不是偏灰就是偏蓝。但坑口老的油青种，水头也会很好，有的甚至接近冰地，也值钱的。所以很多喜翠的人已经把眼光转向水种水头，颜色不论。这样一来油青种价格也水涨船高了。事实上老坑油青种也美，上年纪的人戴着显得沉稳低调不张扬。

雪莱拿出观音，轻放在黑平绒垫子上，喜悦地说：叶太太，你请，不着急慢慢看。老人家们的脑袋一下都凑在一起，花白的头发稀疏了，可是挤在一起倒像幼儿园的孩子，雪莱看了心里感动。宋妈妈身上发出熟悉的法国香水的气味，特别幽雅。她们齐声夸说好看，叶太，这个好。雪莱看出来了，今天这群老人家们不是过路来坐坐的，她们是陪叶太太来看翡翠的。叶太太问雪莱这观音多少钱，贵不贵。取出观音的时候雪莱心里就已经做好打算了，给叶太太的话，把利润压到最低，比进价多一点就行。这种薄利价格，她称作亲友价。自己少赚些，客人不还价。

叶太太回头看看宋妈妈，宋妈妈对她点点头眨眨眼。叶太太刚对雪莱说“那请你给我收好，回头我送钱给你”，不料一个人从旁边挤过来伸手一把抓过观音，说，“给我看看给我看看，”这人就是老人家们都不认识的金小姐。大家被她一推一挤一抓，不防备吃了一惊。金小姐看这么多人挤在一起看，不还价马上要下来，这个观音值得买。她说我来看看。不看便罢，一看透亮！虽然颜色不是一般人说的葱绿，可是这料子大，挂在脖子上够分量。于是金小姐不管叶太太已经说了要了，毫不顾及在场其他的人，跟雪莱说这个观音我要，我现在给你钱。说着一只手抓着观音，一只手就掏钱。这次雪莱报价没有在计算机上点，而是明码报价的，一群老客人在一起，做人要明亮，九百美元。这个价钱买一块老坑油青种观音，在现在的翡翠市场上可以说是物超所值。没有想到这个平时就说话快的金小姐，动作也这样快，把叶太太的东西一抓就走。宋妈妈她们都调过头去看金小姐，雪莱脸都红了，反倒是金小姐不介意，这没有什么不好意思，做生意赚钱都要眼尖手快，好东西一没有就再没有了。

初收藏翡翠的人，可能不晓得得失之间的无言规则，最讲一个信用和缘分。不管你多喜欢那件东西，只要已经在人家手里，你就是能出十倍的钱，也不能要，不光你不能要，卖主也不能改口，这是为商之道。一定要等到人家说出不要了，你才能伸手去拿。雪莱做生意很讲这些规矩，一旦答应替人留下一件翡翠，会锁起来不再给其他客人看。万一有以前见过这块翡翠的人，后来来出高价买，雪莱一定说不行，已经留给别人了。在纽约这个江湖上，华人本是少数族裔，你做事没有底线，马上外面就传开了。诚信，是买卖中两个顶级的字儿。

冰三彩方镯

春水绿清代圆条镯

玻冰三彩方镯

玻冰种老三彩镯子，用料阔气，典型的"厚装起高墙"，这样大而厚重的方镯，戴在腕上贵气又时尚。她种份好，水头足，介乎玻璃种和冰种之间，地子又如此干净。镯面上的金沙翡色最美，形态如烟雾，令人想到大漠风沙。绿色虽不多然而鲜艳，因此跳脱生动。这只况味淡雅的镯子让肤色浅的女人戴在腕上，可想有多清爽美丽。

翡翠颜色的分布，颜色和颜色之间都没有氤氲的过度，全是断然分明，界限清楚。若是染色，颜色就会混成一片，没有边际十分含糊。

另一只清代圆条镯纯净细润，虽无艳色但因质地幼嫩而娇而美。

宋妈妈叶太太她们不高兴归不高兴，但没有跟金小姐争，一句话都没有说，年岁就是涵养和胸怀，身外之物看得淡。大家看着金小姐把九张一百的票子刷刷点给老板娘，把观音挂在颈子上。她转身看着镜子里的自己，看看满意，再看看还是满意，对叶太太笑着说：谢谢你让给我！

叶太太摇头，宋妈妈摇头，一群老人都摇头。老人家们蹒跚离开了翡翠店，这让雪莱非常不舒服，送她们到门口时她说：叶太太，对不起，请你不要难过，我给你留心，日后有好的观音我给你电话，只比这个更好，价钱一样。回到柜台后面，金小姐意犹未尽，前后观赏戴着观音的自己，雪莱用很少用的数落人的口吻说：老人家们不跟你争，不是你有钱，是她们有教养，你日后要好好待这尊观音。

不过数日，金小姐又来到店里，跟雪莱说，几天看下来，怎么觉得这个观音不是阳绿的，不太好看，能不能换一件东西？

雪莱问，你知不知道阳绿的翡翠价格几何？九百美金你想？这么大的观音，十倍也没有可能。

金小姐坚持要换，在店里坐着不走，非要达到目的。最后还跟雪莱建议，上次不是那个叶太太喜欢这个观音吗，你给她去个电话说我退回来了，她可以来拿。

没事就到这里看翡翠的安吉尔听了很不高兴，说嗨，你以为这是买个咖啡壶,昨天能出咖啡,今天不能出了去电器店就能换一个新的回来?这是翡翠,小姐!这是观音,小姐!

金小姐不气,笑眯眯对安吉尔说,知道知道,我就是换一个翡翠嘛,也不占老板娘的便宜。

忽然金小姐看到一块镶金边的翡翠子冈牌,满绿,色浓艳,翠面雕龙凤纹,眼力不好的人看了觉得是染了色的,实在绿得没有挑剔。她马上要雪莱拿下来给她,一边看一边听雪莱说,这是清代的工,很难得。

金小姐问,什么叫清代的工?好在哪里?

安吉尔说,你都看不出好在哪里你干嘛要呢?

金小姐怎么也感觉这个更好看,绿。这话很冒犯雪莱,雪莱最恨人比观音,但她已经不想跟金小姐多说什么了。随便她要什么。她要有了什么,自有观音在天。

边上坐着一个从新泽西远道来的老先生,玩玉玩翠多年,手上脖子上都是大块好翡翠,一副民国老藏家的气派。他指着子冈牌跟金小姐说,你要买就要买这样高级的翡翠嘛,老坑头这么绿的挂子,配你。金小姐听了舒服,反反复复盘算到底要怎样好。终于舍了观音,买了子冈牌。

金小姐站起来就去附近的银行取钱,叮嘱雪莱千万不要让别人看了子冈牌。不一会儿金小姐回来了,从包里拿出一大包现金,啪,拍在柜台上,把老翠牌子挂在脖子上。

她走了之后,雪莱用一块专门擦拭翡翠的皮布把油青观音细细清理一遍,在柜台正中找了块地方将她安放好。每天,雪莱看到观音就想到叶太太,但雪莱做事踏实,她不直接给叶太太电话而是先打给了宋妈妈。她叫一声:干妈!你好吗?

然后把金小姐还回观音的事情告诉了宋妈妈,宋妈妈一听就听出了雪莱的意思,轻声跟她说:不要给叶太太去电话,她很清高,不要看她那天一句话都不说,心里是明白的,那个小姐很粗鲁,伤了她的心,再怎么样她也不会要的。

春带彩开心佛

雪莱说干妈，我不是这个意思，放心。

金小姐收藏翡翠走的是一条不一样的路，她仿佛是靠不断地退货换货来了解翡翠。她忽然又不踏实，一天一个电话给雪莱，说有朋友看了这么绿的翡翠，觉得有假：这个翠什么牌子的？不会不是真的吧？

雪莱一听不开心，明白告诉她，这个问题你买的那天不该问，今天还是不该问，这样吧，你退回来，我一分钱不少还给你。金小姐又不想退，她自己是喜欢，但朋友说不看真，她就不踏实。一个人自己没有眼力，就在懂的人和不懂的人之间摇晃，朝前走一步，朝后退一步。

雪莱说金小姐上次退油青种观音就为她不够绿，现在买到够绿的老种翠挂，又嫌太绿，所以要帮她去曼哈顿的 GIA 做个鉴定，不过八十五块钱她要自己出。

GIA 证书是美国宝石学院（Gemological Institute of America）出具的世界级权威证书，在珠宝界，这个名词有着不可挑战的权威。它是在上世纪1931年由Mr. Robert Shipley在洛杉矶创立的机构，已有80年历史。它创立并提出了国际钻石分级体系，钻石分级和宝石鉴定方面为全世界所信赖，这所学院不仅是美国第一所宝石学校，同时也是全球珠宝业界最具规模、最被认同的珠宝钻石权威鉴定机构。GIA钻石分级报告和GIA钻石处理报告被认为是世界第一的宝石证书。各种大小的钻石都从世界各个角落送到学院来进行分析分级。美国的大翡翠店，也将顶级翡翠送到GIA分析鉴定，GIA出具证书，说明鉴定结果，是不是纯天然石，有没有灌胶，有否染色。

金小姐又不愿意去，说她相信雪莱，没事没事，就是问问。金小姐挂上电话，很长时间没有到宝翠轩去，大家安静。然后，就到了暴雨倾盆的这一天，金小姐来到店里找那块油青观音。雪莱不做声，她就自己找，只听见外面大雨的声音响彻全城。很快找到观音，金小姐说对不起啊老板娘，上次是我不好，我不应该从叶太太手里抢走她要的观音。雪莱不明白是什么原因让金小姐会反省，只说这个观音，我要自己留着，不想给你了，你不要她，她就回到我这里，不能再给你带走。雪莱的口气很坚决。金小姐却更坚

知识链接

翡翠B+C货

在本书所展示的照片中，这是唯一经过灌胶和染色的赝品翡翠，典型的B+C。B货指把质地很差的翡翠，用强酸浸泡很久，直到杂质全部祛除，然后在裂缝中灌胶，干透了再打磨。因为胶干了是透明的，所以镯子会显得仿佛是有了水头。C货指染色翡翠。在灌过胶的翡翠裂隙中染色，色沿着裂纹进入，打磨抛光后，看上去就既有水头又有颜色。不过一般作假的翡翠水平都不很高，肉眼还是能够辨别出来。这两只假镯子种质干燥，颜色干燥，整体看上去雾蒙蒙的不干净。黄翡尤其生硬，好像涂料，生吞活剥的面貌令人生厌。

S50 翡翠镯子 B 货

决,她说这个观音她今天一定要带回去,不然不得了,我不应当退回。

金小姐那次把观音带回去,吃饭的时候给她母亲看,还把在翡翠店的事情说给她听,她妈妈听了就数落女儿不懂事,夺人之爱已经不好,何况是夺老人之爱。金小姐不以为意。后来她用观音换了子冈牌,又给她妈妈看,说这个绿的才值钱,观音嘛是油青种,升值不快,戴着也没有这个好看。这下她妈妈恼了,放下手里筷子:你呀,真不懂事!不知道敬人,更不知道敬神!

接着妈妈就生病了,一连几天发烧查不出原因,到今天已经在医院住了好多天了,自己着急得不行,看看这个天不能来,再不来妈妈大概撑不住,老太太躺在床上还数落女儿,句句说的都是重话。金小姐告诉雪莱,妈妈说,菩萨不做声,不是菩萨没有话,是菩萨要你自己去悟,你不要呆在我这里,回去悟去。

她出了医院就到雪莱这里来了。看着她头发上和裤腿上的雨水,雪莱心里明白,自己就是不原谅她,也会把观音给她。不是给她,是给她的母亲。老人家知书达理。雪莱本人是虔诚的基督徒,每个星期天都要去教堂做礼拜。她自己不戴观音,店里的观音和佛像,是为有缘人的。

金小姐轻声请求雪莱:千万请你把观音给我,我好好敬她。

雪莱从柜台正中取出观音,直接递在金小姐手上。金小姐刹那间如释重负,长长出了一口气,从精致的钱包里抽出一叠新票子,细细数出九百块钱递给雪莱。“Thank you! Thank you so much! ”

她撑开雨伞,推开门,冲进纽约如泄的雨阵中。

佩玉姗姗

从前中国人家嫁女儿，陪嫁中常会有母亲送的一对翡翠手镯。这镯子是外婆传给母亲，母亲传给新娘的，在家族中代代相传。这些手镯的质地会因家境的不同而有不同，不管什么种质什么颜色，都是母亲的恩情。女儿是嫁走了，两只镯子跟着她到千山万水之遥，永远记得自己的根底。中国民间的这种风俗美丽动人。

对镯都是一只稍大，一只稍小，象征雄雌成对。说象征，因为对镯虽然是一对，可是两只的口径差别极小，都只为女人的手腕。可如果说是让女人一手戴一只的，又为什么直径还是有差别？所以这种对镯，是把两心相依白头偕老的祝福都做在了里面。

女人戴手镯，有的戴一只藏一只，也有两只都压在箱底，逢年过节时拿出来戴上。戴的时候，有只戴一只的，也有一手戴一只的，还有把两只都戴在同一个手腕上的，步履姗姗，镯子轻轻碰撞发出凛凛的声音，有着悠远清冽的好听。也有女人一辈子都把对镯压在箱底，当作对做女儿时的一个怀想，不让别人看到，直到自己的女儿出嫁时再给她。

没有什么嫁妆比翡翠镯子更带有娘家的厚爱和祝福了，也没有什么嫁妆比翡翠镯子更能寄托女儿对娘家的思念，更天长地久。白天做完家事回到房里，从箱子里拿出外婆和母亲戴过的手镯，冰凉生脆的翡翠在手心里渐渐暖起来，好像母亲温软的手。看看想想，思思念念，微笑浮上面孔，心情平静下来，那盏照着翡翠的灯此时更有情有义。许多传家的翡翠珍宝就这样在女系中一代又一代流传下来，好像秘不示人的古珍，藏着几代人的秘密家事。源远流长的骨肉之情，在翡翠对镯上留下说也说不完的话。

可惜这个美丽的风俗失传了。我年轻的时代，大城市里“迎娶”两个字不提，“出嫁”两个字也不提，就是“结婚”。结婚也对，可是比起“出嫁”“迎娶”和“成亲”到底少了很多民俗民风的亲切。那些年兴无产阶级新风，运动接着运动，提倡艰苦朴素的生活方式，所以我们对翡翠珠宝了然无知，

老坑种龙凤对镯

翠品欣赏

老坑种龙凤对镯

这对镯子吸引了很多买家，只是拥有者不让。镯的地子洁白无瑕，玉质含光，褒奖浓厚起胶，苹果绿的颜色虽然不是满布镯面，但因是正阳绿而抓眼，即便是点点丝丝洒绿花的地方，也是苹果绿色，非常媚人。镯面上的浅浮雕走刀自如，内容繁复而不累赘。一些极浅的黄色，应是土沁，正让镯子显出年龄，富贵沧桑。那只深绿乃至接近黑翠颜色的蝙蝠，是巧雕，留色好，突出了“福到”的意思。

这两只镯子，初见时并没有这样干净，土沁比较多，经过女孩佩戴一年，渐渐净化，越加纯净越加娇嫩。

中国曾经的古文明光辉没有照耀过我们的少年青春。

我们从年少起直到有了孩子做了妈妈，都不知道翡翠是什么，也不曾戴过，更从来没有听说过哪个新娘从母亲那里得到一对镯子。不过我相信还应当是有的，可那是很深的秘密，不对外人讲。上好的翡翠手镯一定在人家家里代代流传，想看都看不到，更不要说出钱买。

现在女儿出嫁，有钱人家是几十米的车阵，车队要长，还要名牌车，轰轰烈烈招摇过市；陪嫁是大笔存折、信用卡、房子、金银钻石名牌表、名牌包，看上去很气派，可是那个气派很臃肿，也落俗。

要是哪家人家嫁女儿，能有一对家传的老翡翠镯子送给女儿，才是真气派真品位，对孩子的深切祝福更是不可言喻。翡翠是中国数千年玉文化的延续，是玉石之王，因为翡翠有钢的坚硬水的柔婉，还有天然生成的斑斓色彩。

刚才说的老镯子，多半是圆条镯，用料慷慨阔气，厚装起高墙，戴着十分气派。本书中有些镯子的照片，能帮我们得见那种大气和富庶。现在也有少量镯子成对，少是因为从同一块料上切出两只水头和颜色都接近的镯料不容易，要做成同样水头同样颜色的圆条镯，就更不容易了，所以市面上多半是扁镯了。有人说扁镯是新款时尚，其实是因为材料稀缺，而且把镯子琢得越来越小，越来越薄。翠矿资源的逐渐枯萎，从镯子的切料上

细糯种圆镯

可见一斑。

有没有人拿翡翠当婚礼礼物呢?也有。南京有个朋友,男的,几十年来就喜欢翡翠,很懂行。有一次他有个中学女同学到南京出差,不料正碰上朋友的女儿结婚,她一时不知如何准备礼物,想到男同学藏有翡翠,马上给他打电话问他有没有翡翠手镯,好让她拿来当婚礼礼物。男同学毫不犹豫取出一只种质很细,糯白带些许绿丝的圆镯,放在桌上等出差的同学来拿。他们两人拿着这只手镯赶到婚礼上,女孩见到这只翡翠镯子眼泪都要落下。新娘圆润的手上戴着一只手镯,连人都发出彩光。我这个同学后来只要说起翡翠,一定会说起这件事,他说:世界上没有什么礼物的价值能超过翡翠,黄金是有价的,翡翠没有。女人,特别是有些岁数的女人,一定要戴翡翠,翡翠让成熟女人更有味道。

冰种福禄寿三彩扁镯

老坑紫罗兰春带彩对镯

另外一件事,在纽约。雪莱有个熟客,是知心朋友。她的儿子要结婚了,专程到店里请雪莱参加婚礼,说你一定一定要到啊,我的儿子结婚。雪莱为婚礼红包的事费了心思,拿不准究竟要包多少钱才合适自己的身份和财力。不过那个朋友一再跟她说,请你吃喜酒是有些犹豫的,就怕你非要给大红包,我不是说说的,你一定不要包太多,要是你给太多不要怪我退给你。

想来想去,雪莱决定送新人一对翡翠牌子。这种礼物拿出来是有些石破天惊的,因为无价。翡翠好种头,满绿,雕工是瓜瓞绵绵。雪莱说,我是做

冰种海水云龙子冈牌

翠品欣赏

海水云龙子冈牌

海水云龙纹，在明清瓷器上经常出现，象征皇权。但是在翡翠上雕刻整条大龙就不多了，一般的挂饰都刻螭龙，螭龙是小龙。这枚冰种方牌颜色和工都好。绿色略偏黄，是黄杨绿。绿色若偏蓝偏灰，档次低一些，偏黄的绿被认同为正色。

双面雕工，一面为龙，另一面为如意，精微流利。龙身威猛有肌肉感，在如此小体积上刻出线条如此清晰的龙纹，令人起敬。

S57 翡翠子冈牌背面

翡翠生意的，给新人送礼我要是送钱，等于什么都不送，要送只有送翡翠。她带着这对翡翠牌子去到婚礼，拿出来赠给新人时，翠光逼人华彩烨烨。两家父母都惊喜不安，说这份礼物太重了太重了！雪莱坐在酒席上看着新人马上就戴在了颈项上的牌子，觉得自己是天下最气派的人。

林妈妈九十大寿，家里人大操大办，早早就开始给她准备服饰。这件长裙丝绸质地，底边缀纱，很华丽很复杂。那天我到店里正碰上雪莱在给她缝制曳地长裙。我问这是谁穿的？这么讲究？她说是过九十大寿的林妈妈。我不敢相信九十岁的老太太穿那样的裙子，不过林妈妈是香港人，习惯跟我们大陆人不同。林妈妈的儿子陪着她到店里试穿，除了这条红色长裙，林妈妈还想佩戴高档翡翠项链，她问雪莱什么翡翠配红裙好。雪莱对林妈妈说，白色玻璃种项链最般配，林妈妈说这么贵重的翡翠，我买不起。雪莱要林妈妈把自己店里的玻璃种借去戴，过后还回去就行。林妈妈连声说不行不行，这么贵重的翡翠，万一有个意外呢。雪莱说不会的，你去派对，儿女护送，放心戴去。林妈妈后来过九十大寿生日时，身穿深红缀纱绣团花缎裙，颈上就戴着白色玻璃种项链，典雅华贵。

大英博物馆的翡翠原石

去年初春，我和先生去伦敦。他早在几年前已经去过，专为看大英博物馆的瓷器藏品，正碰上欧洲百年不遇的酷暑。英国的房子多没有空调，博物馆里也没有，站在地铁站和火车里有如炼狱。然而他带回了很多很多令人惊心动魄的瓷器照片，从此令我梦魂牵绕。

终于，我站在了大英博物前，从北门进去上楼，眼前就是中国馆，中国馆的编号是三十三号展厅。在楼梯入口处有一尊十米多高的隋朝白玉佛像，佛像的两只前臂都不复存在，不知是在被盗时破坏的，还是从中国运到英国的途中碰碎了。玉，是中国文物中年代最为久远的，直到今天仍旧是中国人最心仪的宝石。断臂的佛像双眼低垂，不看这个世界，她春华不理、秋实不沾地站在中国馆楼梯底部，迎接远从她故土故乡来的故人。

关于大英博物的中国馆藏品，有无数文章、文献纪录和照片，做过非常翔实的介绍和诠释，国人的感慨和民族情绪昭昭然然。我虽然是激动的，却也是平静的，因为我看到所有来自中国的珍贵文物，都被无比尊贵地供奉在这个博物馆里，顶灯悬照，纤尘不染。每天每月每年，来自世界各

翡翠原石

地的旅游者怀着崇敬之心，从它们身边慢慢走过，投去惊羡和崇拜的目光。它们数年百年来无言无语，却把中国五千年的文明史说到了极致。

展品中有远古玉器，商周青铜器，魏晋石佛经卷，唐宋书画和明清瓷器，都被作家、游客、文物工作者甚至参观的网友，反复提及写到。

但我在网上搜索无数遍，都没有人提及博物馆收藏的几块翡翠原石。

中国馆大厅走到最后，右拐进去，一条不长的走廊，展出历朝历代的玉器，可上溯新石器时代。物件并不很多，也许没有全部拿出来展览。在快要走到玉器展厅尽头的地方，我看见了几块翡翠原石。急急几步过去，伏近大玻璃墙，那是我平生第一次看见翡翠原石，那样近的距离，那样清晰的原石全貌。在听说过无数有关翡翠赌石的传奇故事后，翡翠原石竟在伦敦——这个对于中国和缅甸如此遥远的旧帝国首都——出现了。

大英博物馆是允许拍照的，也允许用闪光灯。灯光从展窗顶部照下来，可在咫尺之内细看五块原石。一块原石发乌黑颜色，我不懂原石，所以不知道里面会是什么颜色，因为没有被剖开。有经验的翡翠行家会一眼看出这块原石的质地和价值吧。

另一块也没有剖开的原石很大，表面光滑，有些地方细看见暗绿，不知道里面究竟会是怎样的状况。这两块没有“开窗”的翡翠原石，简介并没有任何解说。

那块紫罗兰原石是明料，紫色呈团状，十分鲜明的紫，如果剖开打磨抛光之后，一定是柔美水透的冰紫，今天来说也是弥足珍贵遍寻不着的好翡翠了。

比较漂亮的是两块体量很大的满绿明料，一块石头对半开，表层是细砂皮，专业书说，白砂皮的翡翠原石通常都是上品原料石。明料，在赌石中指石头完全切开，可以清楚全面地看到里面的水头和颜色，这两块石头的绿脉一条一条的，颜色很绿，翡翠中最被追捧的苹果绿。假如整块石头开割进去均为剖面的种色，那么可以打出好几对手镯，很多件挂件和耳坠。以现在的市场行情，这两块种色的原石，加上它们的重量，买下来要花很

天龙生

天龙生也叫铁龙生，干青种。种质和水头都差，但颜色很绿。八十年代台湾的爱翠者一度风靡天龙生，常切成很薄的片饰佩戴。切薄片的天龙生对着强光看也好看，绿酽酽的，可是一点水分都没有。所以也叫干青。

天龙生有色无水，用来做佩饰就很尴尬，不切薄片显得太干，翡翠不可无水，无水一钱不值；可是切薄了又太容易碎，是两难。

随着时间的推移和市场的变化，天龙生基本上走下了翡翠收藏的舞台，很少有人会仅因为它浓艳的颜色但干燥无水的质地而动心。

天龙生龙牌

白沙皮绿翠明料

有标签的明料

知识链接

清代工 喜鹊登梅方牌

帝王绿绿色饱满，牌身滋润，这种满绿色很难见到。浅浮雕的工千回百转，栩栩如生，是喜鹊登梅热闹和欢庆，几可听见叽叽喳喳的鸟叫和花开的声音。

翡翠的硬度仅次于钻石，琢工十分不易，特别是双面雕，因为方牌不能太厚，一厘米厚的材料上要在两面雕出精美的画面，又要丝毫没有裂纹，对玉匠的要求是很苛刻的。

喜鹊登梅方牌（清工）

大的力气。

原石的前面有英文简介和图画，介绍缅甸的翡翠矿脉，以及从前的工人是如何从河水中捡拾原石的。

其中一块翠色原石上贴着海关的条签，前后都被磨掉一些字，所以看不到全文。条签两边还有毛笔写的两行阿拉伯数字。能够看到的部分写着：

××经办关员

本条非经海关核审

移动××启违者按×××

显然这是海关没收的翡翠原石，四九年以后的事，应当是中国海关拦截下来的，封条上面用的是简体字。虽然数百年来我国每朝都有一些繁体字被简化，但一段文字中每个字都是简体，则是1956年之后的事。那年一月二十八号，《汉字简化方案》经汉字简化方案审订委员会审订，由国务院全体会议第23次会议通过，31日在《人民日报》正式公布，在全国开始推行。

上世纪五六十年代，中缅边境对珍贵药材、翡翠原石和金银珍稀矿物的出入境，都有严格管理限制。那么这些原石是在哪一段海关被拦截？按照推理，是从缅甸边境入中国边境时查处到的。没收的翡翠原石没有上缴给国家政府，结果却到了英国。在英国也没有被拍卖，而是被大英博物馆收藏并展出。其中的波折和蹊跷很多，是一个谜。

几十年过去，像大英博物馆展出的这种翡翠原石越来越少，每年乘飞机去缅甸参加公盘拍卖的人数以千计，还会增加。极少人有好运气买到上好品质的原石，即便袋子里装满了现金，也差不多是一枕黄粱。

缅甸政府也想控制翡翠矿，提高公盘价格。一种天然美石，一旦由不

紫罗兰翡翠原石

清代工 洋洋得意

老种老工，绿色均和饱满，只是地子有些地方发灰，不然品级可再上一等。山羊雕工尤好，姿态美丽表情温婉，嘴里衔着如意；反面的蝙蝠和如意简素，周边留白很多。这方牌子取名洋洋得意，正是中国文字的妙处，洋洋来自山羊的羊；得意来自如意。

清代翡翠如今很难寻到，拍会上的翡翠多数是现代工。清代翡翠一经百姓收藏，就很难再面世，多在家族中当传家宝流传。如有缘分碰到清代翡翠，工又别致的饰物，千万珍惜。不过许多清代翡翠的种质其实不及现在的翡翠，种水不够。地心压力越大翡翠质地越好，百十年来翡翠矿床越挖越深，越挖越少，不情愿地说也是质地越挖越好。

糯冰地洋洋得意方牌

光政府还有商人组成的庞大群体介入买卖，激烈残酷的争斗就开始了，并且绵绵不绝地争斗下来，直到这种天然资源消耗殆尽。

所以我觉得，这几块走私的翡翠原石不管经过多少人的手，后来被大英博物馆收藏，让全世界的人前去欣赏，实在是一件好事。如果当年这些原石被私分了，卖掉了，分解成手镯和佩饰，最终不过是变成了可以数出来的钱，那么就只有极少数的人有机会亲眼看到她的原貌了。

被中华民族奉为至宝的翡翠，是值得世界级的博物馆奉为至宝的。

名女人的翡翠珍藏

2011 年三月的《JCK》珠宝杂志封底内页上，登出一张照片，碧光流泻一串翡翠珠链。《JCK》是美国著名的珠宝杂志，推介全球各国风格迥异的顶级珠宝。这期重点介绍的就是这一串翡翠项链，标题是：Brilliant - bedazzling Sale of the Month。可以译成：宝光横溢——本月重拍。

珠串有三十颗翠珠，直径均在 13.3 至 13.4 毫米之间，有夺目的祖母绿色泽，晶莹通透，雍容华贵。正中的银链扣上镶一颗星光蓝宝石，两旁各伴一颗与翠珠色彩相若的梨形蛋面翡翠。在中国，翡翠被歌颂为天堂之石。页面右上方有一段引号括起来的英文："中国人击败西方买主。在中国文化中，翡翠是如此被酷爱的天然宝石，只要他们想得到，西方拍客就不可能得标。"

珠链左下方有一篇简介，题目是：Heaven on Earth（人间天堂）。简介说这串翡翠是一百多年前，北京琉璃厂翡翠大王铁宝亭的收藏，原本由一串清代宫廷的御制朝珠改为两串，上拍的是两串中的一串。铁宝亭将两串翡翠都卖给了当时印度尼西亚的糖业大王黄仲涵先生，此后黄家五代珍藏此物。因本身的质地和历史，上拍的项链于二零一零年十二月底，在纽约苏富比隆重推出，成交价是一百九十六万美元。

铁宝亭是个传奇人物，有关古玩玉器的书中都会提到，他在同行中享有极高的声誉，被誉为看翡翠和钻石的天下第一眼，京津沪的名媛淑女包括宋美龄和于凤至，只要是买翡翠，都要从他手里买。但我从未见到过这个翡翠大王的收藏，也知道这是不可能的。不料百年过去，竟然在纽约的珠宝杂志上看到他经手的翡翠。

几个月后，又见到这串翡翠珠链，她即将在北京一家大拍行的春拍上被拍卖。在那个夜场专拍中，这串翡翠一举卖到两千三百万人民币。

黄仲涵先生家五代人珍藏两串从铁宝亭那里买走的翡翠，这一串赠给他的长女琮蓝，辗转海外流经美国最终回到北京。另一串归小女儿蕙兰。蕙兰的一串在 1994 年香港佳士得珠宝拍卖上，以六百九十万港币成交。

两串从铁宝亭手上出来的翡翠，来历历历可数。民国十八年版的《故

翠品欣赏

清·冰三彩天长地久圆佩

清代圆佩，中心厚而沿四周边渐薄，通体丰腴冰润，颜色华美清丽。圆佩底边有一片翡色，由内及外释出光辉，美轮美奂，冰扎扎而翠性十足，好比新草含露，生机无限。

她的尺寸和厚度在圆佩中都属少见。浅浮雕，一面是螭龙献瑞，另一面除了瑞果，还刻有四个字：天长地久。翡翠的硬度很高，6.7 ~ 7 度，在翡翠上刻字是很罕见的。

冰三彩天长地久圆珮

宫物品点查报告溥仪取物账》中就有记载,溥仪从养心殿中取走两串翡翠朝珠。从清宫的珍藏,到溥仪而至铁宝亭手中,再到黄仲涵家族,历时近百年,物是人非然翡翠依旧光辉不减,仅在黄家就珍藏了超过六十年。在这串晶莹翠绿的项链上,不仅有着清朝皇室的印记,更记录着漂洋过海立业异国的海外华人黄氏家族在中国近代史上的百年辉煌,传奇色彩和翡翠一样宝光流溢,生生不息。

法国有一个名牌化妆品,Helena Rubinstein,简称 HR。这个品牌的化妆品创始人就是 Helena Rubinstein——赫莲娜·罗宾斯坦。这个仪态万方的美人生于 1872 年,卒于 1965 年,高寿九十三。知道赫莲娜,是因为有个女友到南京金鹰化妆品专柜取 HR 赠送的礼包,见我居然不知这个产品,就推荐给我,她觉得这比美国的"海洋深蓝"系列更滋润,一招手要小姐拿一瓶晚霜送给我,说用了你才知道有多好。那一刻是我知道赫莲娜的开始。

北京保利首届名贵珠宝与翡翠专场拍卖图录寄到一个朋友家里时,我正好在场。一页一页翻开,突然看到一张西洋女人的黑白照片,尺寸不大,但是照片上方的一串翡翠项链是赫然夺目。这个女人就是赫莲娜·罗宾斯坦女士,她的一串翡翠龙雕珠配珊瑚玛瑙项链,在保利的专拍上拍卖。翡翠是民国时期的老东西,工是非常的精致,小小一粒珠子上雕出龙来,珠珠之间间缀着珊瑚和玛瑙,十足中国古风。但翡翠水头不充分,估价不高,在五十五万到九十万之间。

米歇尔·奥巴马佩戴的翠戒

知识链接

冰种黄翡蛋面戒

翡翠戒指有各式各样，蛋面戒，环戒，马鞍戒，扳指。除了扳指是从前清代皇宫中的男子佩在大拇指上，其他多为女子所爱。

黄翡还有一个迷人的名字：金翡翠。翡的颜色有棕黄，橘黄，金黄，鸡油黄。鸡油黄为黄翡中的翘楚。这只蛋面戒所用的黄翡种质至冰，鸡油黄翡色均匀细致，金光由里及外，含蓄难掩光芒。她亭面饱满，颗粒硕大，唯因如此玉匠采用极为简单的镶嵌，仅用四只金爪抓住蛋面，以免喧宾夺主。走遍翡翠商市，很难见到如此水种和颜色的黄翡蛋面戒。

黄翡蛋面戒

最后成交价是六十多万。

关于赫莲娜的翡翠珍藏的故事，我不很了解，非常希望在拍卖会上买下这串翡翠的人，把珠串的身世说一说。

二零一一年六月底，美国总统奥巴马和夫人米歇尔，在美国驻英国大使馆官邸，设宴招待英国女王伊丽莎白二世和菲利普亲王，他们到大门口迎接女王夫妇光临，米歇尔食指上佩戴的是一枚翡翠钻石如意窗花戒指。这是 YEWN 的创办人华裔翁狄森的作品。翁狄森是继时装设计师 Jason Wu 之后，另一个被第一夫人赏识的华人设计师。翁狄森以翡翠为戒指的中心，配以钻石，由四只写意的蝙蝠围绕着一个古钱而组成。在当晚的晚宴上，五十多位政要和名人都惊叹 YEWN 的精妙构想。据我所知，这是美国第一个佩戴翡翠戒指出席顶级晚宴的总统夫人。这是不是也标志着，传统中国的翡翠工艺经过与现代珠宝设计理念的结合，完全能够突破中国人自身对翡翠的深爱，而走向世界？

知识链接

冰种尾戒

尾戒是戴着小拇指上的戒指。民间都说尾戒戴着防小人。寻找尾戒的人不少，可是尾戒比一般戒指更难合手，碰到合适又好看的，不妨立刻出手。

这枚小尾戒入过土，里面丝缕如织，倒影上都能看清内里的结构。果绿色和土沁色彼此濡染，竟有新鲜果冻感。

冰玻尾戒

元，最后四万美元成交。

值得一说的还有一个珊瑚挂坠，珊瑚是辣椒红，无比艳丽，雕一个龙头，威猛异常，龙的表情都可叹可敬，她配以微绿小翠珠，实在值得收藏。可惜我也没有拍到，我输入的数额在短短五秒钟之内就被远远超越。今年是中国的龙年，在龙年能得到一枚伊丽莎白曾经拥有的珊瑚龙头挂坠，得主有福。

翡翠，这东方宝石，如果设计师们能够突破传统思维的限制，创新出超越传统雕琢风格的设计理念，让世界上所有爱好珠宝的女人都接受并喜欢翡翠，那么万珺“把翡翠做成东方钻石”的一天，已经可以期待。

最后的流光

妈妈从不穿金戴银，年轻时行军打仗，简朴素面走过一生。她是名门出身，留洋读书，年轻时穿旗袍撑洋伞，也曾婀娜多姿。参加了革命，军装是肥大的，衣领扣到颈项，没有腰身，裤腿宽宽大大，最多腕上戴只手表。

我外婆是广东人，香港广东的女人有佩戴翡翠的喜好，外婆自然不例外。她到南京探望母亲和我们这群外孙们，就看到她腕上戴着翡翠手镯，那时我觉得所有的翡翠都很俗气。但我妈妈小时候一定戴过小珠宝，在她那个大家族中几乎所有的女人都穿金戴银有翡翠，所以对翡翠该是熟悉的。可在我记忆中，母亲甚至从未说过“翡翠”两个字。

所以后来她对我送给她的一枚浓绿翡翠环戒爱之若命，使周围所有的人都受到震惊。

我从没想过送给妈妈翡翠，不给妈妈买奢侈品和金银珠翠这是我潜意识里的提示。可是事情忽然之间变了。那年我从纽约回宁探亲，带回去四只改镶的翡翠戒指。之前我买给先生一枚老坑绿扳指，玉质流光宝气闪闪，不慎碰在铁栏杆上碎了，摔成四块。捡起来找到一个玉匠，请他给我重新镶好。四枚戒指分别送给我姐姐、嫂子和弟媳。给她们戒指时，妈妈坐在轮椅上，一旁静静看着我们“分浮财”，眼睛里有一种难以言表的神情。

我走到妈妈身边，说，妈妈好看吗？要不要戴一戴？

妈妈摇摇头，说不好看。

玻璃种椒形吊坠“秋光”

玻璃种阳绿胸针

翠莹莹的浅绿，像初春河边的青草沾着清露，清晰可见绿丝一缕一缕，一颗淡红翡珠镶在花心。所镶碎钻分圆钻和条钻，各有光华闪耀。巧妙的构思，完美的色调，真是翡翠饰物中的极品。

玻璃种阳绿胸针

妈妈嫌镶工太复杂，她指指我戴着的一枚环戒，那环戒有绿色的部位颜色深浓，没有绿色的部位像玻璃质，它们彼此交织流丽万状，美不胜收。那是我自己的戒指，没想到送给别人。可是妈妈指的正是我的那一枚，我褪下来时妈妈已经伸出她秀气然而布满皱纹的手，我把戒指戴着妈妈左手无名指上，正好。妈妈翻转那只手看了又看，脸上露出赞叹的神色。我想把那四只镶了碎钻的戒指中我的那只给妈妈，可是妈妈不要，她要我的那只，简素的老坑环戒。

妈妈对那只戒指表现出的感情和喜欢，一开始就让所有的人不可思议。她逢人就把手伸出去，让人一看吃惊，说：老人家你的戒指这么漂亮？妈妈就说这是我女儿送给我的。家里无人时，妈妈就反复看这翠戒，没有人猜得出她从翠戒中看到了什么，怎么看不够？我看妈妈的眼光在翠戒上留下无穷多的时间，也觉得不可理解，她总好像面对翡翠沉思回忆，在沉思中回到少年时代，回到从前。

妈妈拿戒指跟姐姐开玩笑，说我走后这个就留给你。我姐说放心，你走让你带走。妈妈听了这话就笑，说带走干什么？不要浪费了，这么好的东西。她手一伸给我们看，我们要去摸，她又收回去。那给了她无限的快乐，也给了我们无限的安慰。除非她的手需要做事，总是一只手覆在戴戒指的那只手上，轻轻抚摸手指上的翠戒。

后来住院，进进出出，不管需要准备什么东西，都是我们和阿姨的事情，唯有这枚戒指妈妈要再三看看是不是在手上。阿姨说，每次妈妈醒过来都会先看看自己的手，戒指在不在。护士医生有时跟她开玩笑，说哎呀，你的戒指呢？妈妈就会像小孩一样着急，看到是在的就笑了，伸出手给她们看。她们后来习惯于每次查房都要看看妈妈的翠戒在不在。

渐渐，妈妈的病情越来越危险，手也肿了起来，担心她手肿了戒指拿不下来，阿姨就把戒指转下来，交给我收好。只要妈妈醒来找戒指，阿姨立刻给我电话，要我赶到医院去把戒指帮妈妈戴上。常常等我到了医院，妈妈又陷入昏睡，我就要看看妈妈的手肿不肿，如果不肿还是帮她把戒指戴上。

妈妈似乎与这枚戒指心心相连，我们都猜不透妈妈何以会突然对一块翡翠产生深不可测的依恋？这不能解释为是我送给妈妈的所以妈妈过于珍惜。对妈妈来说每一个孩子都是至爱，而妈妈病重时，我总是长期待在南京，不存在惦记万里之外的孩子的问题。

渐渐的，妈妈清醒的时候少了，乘着她清醒的时候，希望她说出她最关心的事情。在极少一些她交代的事情中，翡翠戒指的去向是一桩。

使我深感难受的是，那并非是十分昂贵的翡翠，也并非妈妈一生的珍藏，既不是家传，也不价值连城。值得一说的只有一点：那是妈妈一生中唯一的一枚翡翠戒指。

妈妈说，留给你姐。我摇摇头说，妈妈，谁都不给，我姐也不会要，你带走！

说这句话让我感到悲哀，我猜这可能是妈妈的希望，她不愿说出来。

可是为什么她希望翠戒跟她走呢？妈妈总说不，如果你姐不要，你带回纽约去吧。只有一次，在我说明这翡翠随葬的时候，妈妈没有说话，脸上出现了异常平静的表情。

终于，妈妈再也不能戴翠戒了。她走的时候仍旧如同她的一生，简朴干净。在她留下的旧皮箱中，我们以为保藏着一些她心爱的东西。可是当打开箱子的时候，我忍不住哭了。有我寄给妈妈的美金，还有我花三十美

翡翠桃形环戒和鸡油黄翡珠

元买给妈妈的一个钱包，依旧崭新，从未用过。

我拿了一张一美元的纸票，放进三十美元的钱包，带回纽约。

那只老坑翠戒，我小心装进丝质小包，和妈妈用过的老花眼镜、钢笔放在一起，永远陪在了她的身边。落葬的时候，我跟妈妈说，妈妈，记住啊，翠戒在你身边，我们走了以后你自己把她戴上。

在妈妈最后的四年时间里，她对翡翠的爱让我们所有人至今不解。是因为妈妈暮年的病痛和寂寞，让她专注于翡翠？或者她以为这翡翠十分昂贵？

不会，也不是。

我了解妈妈，除了要养育孩子，其他的身外之财妈妈都不羡慕。那么，翡翠是她童年少年忘不掉的记忆？妈妈有从不对人说起的内心秘密？这秘密与翡翠有关？翠戒跟她记忆中的某一块翡翠像？她波澜不惊的表面是波

知识链接

白玻璃种翡翠套装

翡翠套装指一套三件饰物：项链、戒指、耳环，以同种同色的翡翠制作而成的珠宝饰品。套装的材质来自同一块原石，很难得凑齐十几颗完全一样的珠粒。有色翡翠在原石中往往分布不集中，要一小块一小块完整取出。如果色翠集中，往往就不会做成套装上的小颗粒，玉匠师傅会惜料。而翡翠套装，那是非要极品品种和极品颜色才能让设计师动心设计的。

一套这样的翡翠，价值很高。参加晚宴是当之无愧的珍贵珠宝。具有很高的收藏价值。

白玻璃种翡翠套装

澜起伏的内心的掩饰？藏在翡翠中？

我深信在妈妈最后时光中，占据她全部思维的就是终生不能再回去的故乡，从前的日子如翡翠闪着葱茏之光，在她人生最后的流光中载沉载浮。

有一天在病房，妈妈坐在椅子上，慢悠悠念着一首诗，神情像个孩子。我说妈妈你等一等，我要记下来。可是竟找不到纸，最后看到桌上有一张医院的充值单据，反面能写字。

我端一张小凳坐在妈妈脚边：妈妈，念吧。

春去秋来，岁月如流，游子伤漂泊。
回忆儿时，家居嬉戏，光景宛如昨。
茅屋三椽，老梅一树，树底迷藏捉。
高枝啼鸟，小川游鱼，曾把闲情托。
儿时欢乐，斯乐不可作！
儿时欢乐，斯乐不可作！

记录完毕妈妈笑了，用戴着翠戒的手拍拍我的头。

这张写着了妈妈最后念诵的单据我带回了纽约，现在写到妈妈和翡翠，找它出来看，竟不记得自己当时把时间都记录下来：12—13—07。再翻过来看，单据打印的油墨褪色了，很多地方被我在那一面留下的墨迹遮盖住，不过能看到妈妈的名字，妈妈的床位号。

去年夏天，我和姐姐到妈妈的故乡淡水去，站在她出生的雄伟壮观的四角楼老宅前，恍然梦醒，妈妈就出生在这个曾经繁华富庶的大家庭里。可以想见里面的女人们，每年春节前把家具抬到河边洗刷，她们卷起袖管，露出各种各样的手镯，河水流过她们身边，镯子被洗了一遍，家具被洗了一遍，手臂也洗了一遍。这中间就有我年少的妈妈。

那就是妈妈的前世，与她后来的烽火人生南辕北辙。然而，无论什么

知识链接

玻璃种帝王绿项链和耳环

没有比她的绿色更饱和浓艳了；没有水头比她更莹润了；没有形状比她更美好了。白金碎钻设计成团福花纹，古典又现代，是一件完美无瑕的翡翠套装。此物只应天上有，人见哪得几回看？

玻璃种帝王绿项链和耳环

人，在走到人生终点时，最难忘的都是少年时光和故乡。我们推测，翡翠之于妈妈，就是她年少人生的折射，葱翠的青春和梦想，跟着河水舟楫走向天涯。

妈妈留下对我们的牵挂，走了。

妈妈带着唯一的翡翠戒指，走了。

我们与自然

每一个孩子都曾经在夏天的夜晚，看着天上的星星问："我们是谁？来自何处？"长大起来这个问题渐渐问的少了，或者不问了。但是总还有一些特殊的时刻，我们仍旧会问："我们是谁？来自何处？走向哪里？"

每一个热爱翡翠收藏翡翠的人，都会问："翡翠是什么？怎样形成？会被挖掘一空成为后代的前尘记忆吗？"这个问题，远不是女人的问题，是关心地球关心人类生存环境的人都会问的问题。

去年夏天，在南京买了一个光盘《The Universe——宇宙论》，诠释英国科学家斯蒂芬·霍金的宇宙论。其中有一位科学家讲了一句话，大意是：我们人类在宇宙中，丝毫不比其他物种更优越，我们都是宇宙公民，因为所有的生命都是由碳和水这两种基本物质构成。

美国纽约大学的哲学教授泰勒，在他于1986年出版的《尊重自然》一书中，曾有系统地说明存在于人类与自然的道德关系。他认为所有生命具有自身的善（同义字为"好"或者"福祉"）和天赋价值（inherent worth），值得具有道德能力的道德者的尊重，而采取这种态度的人便倾向于增进和保护其他生物的“善”。

地球上的高山大海，飞禽走兽，一草一木，一花一果，都是生命，都应享有生命的尊严，都有各自的天赋价值，值得人类珍爱和崇仰。

人类细胞在空中或者海洋中初始形成，经过几十万年的演变，最终从猿到人，从爬行动物到直立动物而成为智慧人。在人类形成的过程中，翡翠的矿脉因地壳变迁在地心深处悄然形成，这个过程有亿万年之久。从这个角度来说，翡翠拥有地球的生存资格远早于人类。

翡翠的形成条件极为苛刻，条件是高压加低温；而钻石形成的条件是高压加高温，所以翡翠需要有地心深处极高的压力与大陆板块碰撞结合带中的低温相结合的条件，方能形成。整个地球上，只有缅甸密支那以北东经 96° 3 北纬 25° 8 的帕敢地区乌龙江流域，具有达到宝石级翡翠的地质条件，而钻石在全世界则有五大矿脉。这样比较并非厚此薄彼，只为说明翡翠来之不易，矿藏量甚少。

如此难得的矿藏，被重型挖掘机大规模开掘，无数的人涌向缅甸去赌

翠品欣赏

翡色菊香蟹肥摆件

黄翡秋菊螃蟹，质地匀净，翡色偏红浓郁，工匠将其巧雕为蟹和菊，蟹好像刚刚煮熟，有肉质感。蟹壳纹路清晰，蟹钳雄劲有力，这样逼真的黄翡螃蟹与秋菊，令人想到《红楼梦》中林黛玉在大观园的海棠诗社中所作的螃蟹咏：

铁甲长戈死未忘，堆盘色相喜先尝。
螯封嫩玉双双满，壳凸红脂块块香。
多肉更怜卿八足，助情谁劝我千觞。
对兹佳品酬佳节，桂拂清风菊带霜。

菊香蟹肥

翠品欣赏

老坑种红翡方戒

这是红翡颜色中等级最高的“鸡冠红”。艳艳欲滴的长方形戒面，配以碎钻，华美堂皇，如火如荼。

红翡方戒

石，赌运，赌命，是不是对自然资源的暴殄天物？

翡翠一如人类，来到这个世界上费尽艰难，无数偶然的原因，才有如此美丽的天然宝石。她问世不过百年，不要再过百年这绚烂的宝石就再也看不见了。

为什么女人喜欢翡翠？为什么爱翡翠不仅爱她的美，更爱她温和的内涵？为什么女人在心情低迷的时候，看着摸着翡翠就会渐渐平静？可以说女人是翡翠的另一种生命形态，翡翠是女人的生命回响，女人是在翡翠中寻找自身，寻找寄托。

如果我们爱惜每一只翡翠手镯、每一枚翡翠挂件、每一个翡翠戒面，我们就更应该爱惜地球，爱惜大自然，爱惜越来越少的天然资源，爱惜远在缅甸的那片已经被挖掘得支离破碎的翡翠矿藏。不幸的是这个地球正在失去很多珍贵的物种，天然资源被超速度开采，这使我们感到紧迫和担忧。不仅担忧北极变暖、南极冰山融化、自然资源因无度开发枯竭、珍稀物种灭亡、空气污染、战争连绵民众饥饿，也担忧翡翠矿藏很快开采净尽，国色天香的东方宝石，在不久的将来只在书本、电视、电影和 U 盘中，留下美丽的身影。

后 记

这本书的灵感来自我每一位翠友,在写作的整个一年中,是她们支持着我。她们把珍藏的翡翠送给我拍照,把自己的故事讲给我听,她们渴望有一本书,讲一讲女人和翡翠的感情,留个纪念。这给了我机会,能够完成这样一本书。

在此感谢:

于紫菲、郭柬、戢平、劳拉·李、简妮·王、黄妈妈、石雪萝、阿芳、张青等等,等等。书中美丽的翡翠和动人的故事,都是她们的贡献。

特别感谢:

美国纽约“宝玉翡翠行”的林春和留林,她们提供了所有贵重的翡翠以供拍照。留林小姐为确保照片质量花费了大量时间和心力。没有她们,不敢保证我能完成这本书。

这本书是我和她们共同的作品,献给所有爱翡翠的女人。

二零一二年二月六号　元宵节

纽约